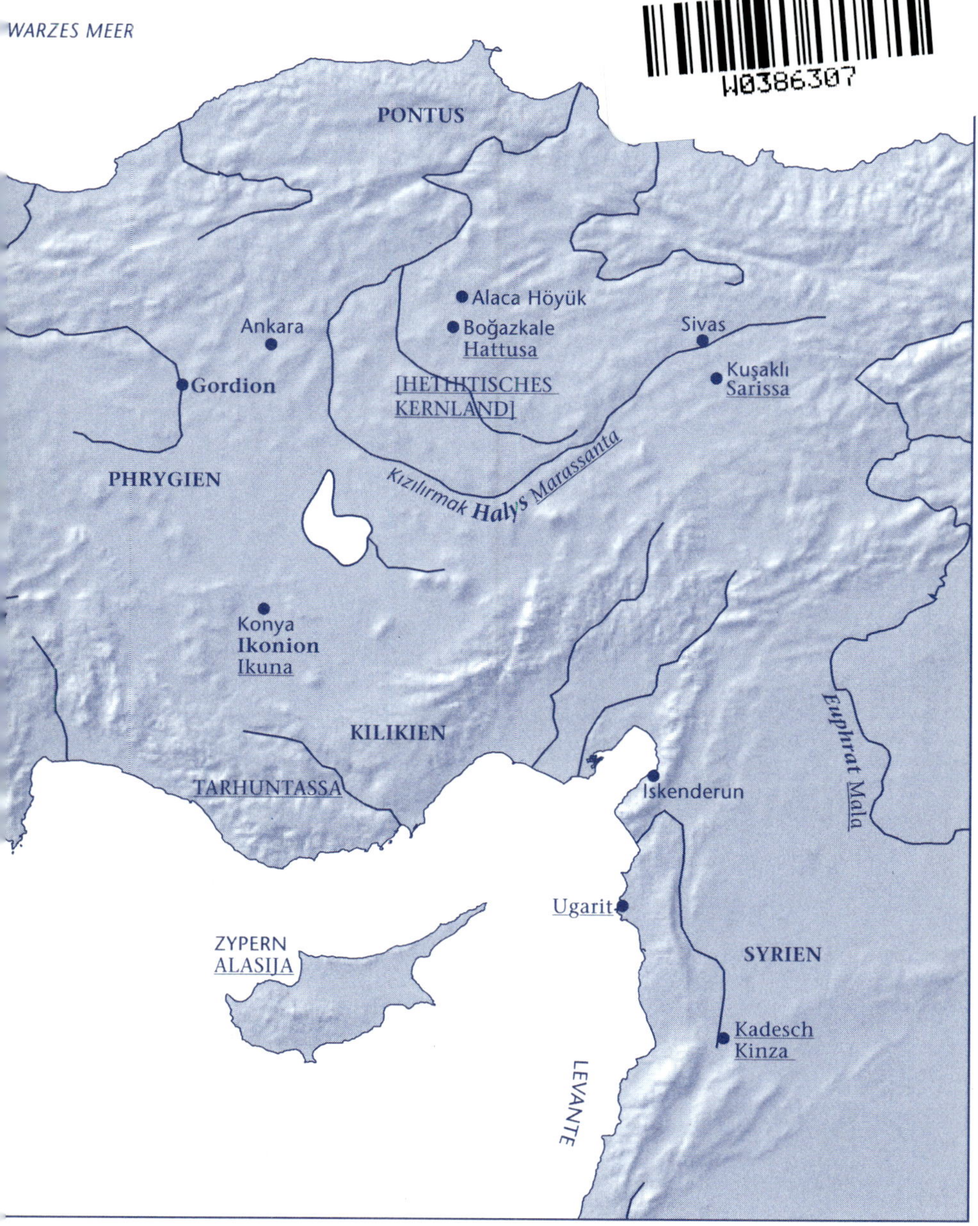

Flüsse:

Kızılırmak	moderner Name
Halys	antiker Name
Marassanta	bronzezeitlicher Name

0 50 100 200 km

Birgit Brandau/Hartmut Schickert/Peter Jablonka

Troia – Wie es wirklich aussah

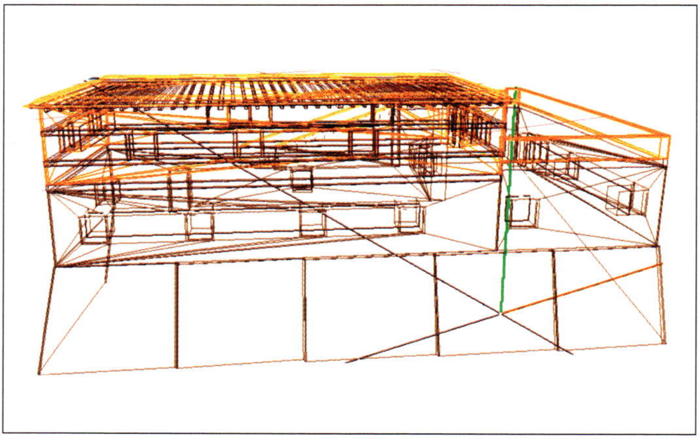

Birgit Brandau/Hartmut Schickert/Peter Jablonka

TROIA

Wie es wirklich aussah

Mit 70 Fotos und 43 Rekonstruktionen

Piper
München Zürich

Die verwendeten religionsneutralen Zeitangaben »v. u. Z.« und »u. Z.« bedeuten »vor unserer Zeitrechnung« beziehungsweise »unserer Zeitrechnung« und sind also mit »v. Chr.« und »n. Chr.« gleichzusetzen.

Aktuelle Informationen zu Troia im Internet:
http://www.uni-tuebingen.de/troia/

ISBN 3-492-04610-X

Satz: Jürgen Rothfuß, Neckarwestheim
Repro: Lorenz & Zeller, Inning
Druck & Bindung: Kösel, Kempten
Printed in Germany

www.piper.de

Inhalt

Einleitung

Einleitung

»Lassen wir doch einmal unsere Phantasie spielen! Dazu ist der Historiker ja ständig gezwungen.« Als der große französische Geschichtsforscher Georges Duby 1984 diese Worte schrieb, war das nicht nur ein ehrliches Bekenntnis, wie seine Zunft arbeitet.

Es war eine Absage an das bisherige Dogma der Historiker, man solle »aufschreiben, wie es eigentlich gewesen« ist. So hatte es der Deutsche Leopold von Ranke anderthalb Jahrhunderte zuvor formuliert.

Aufgabe des Historikers ist es, so Duby, »Überreste zusammenzutragen, von den Menschen der Vergangenheit hinterlassene Spuren, sie sorgfältig zu untersuchen und eine entsprechende Erklärung zu finden. Doch diese Spuren sind kaum wahrnehmbar, zusammenhanglos, vor allem dann, wenn sie von Armen oder aus dem Alltagsleben stammen. Dazu noch äußerst selten, wenn sie bis in sehr ferne Zeiten zurückweisen wie die, von denen hier die Rede ist.«

Kann man da einfach »aufschreiben, wie es eigentlich gewesen« ist? Der Historiker – und erst recht der Archäologe, auf den diese Sätze noch mehr zutreffen – muß die spärlichen Überreste in einen Zusammenhang bringen, wenn sie Sinn ergeben sollen. Und dieser Zusammenhang entsteht zunächst in seinem Kopf, als vorläufiges Raster, als Arbeitshypothese. Diese wird mit jedem neuen Fund revidiert und verändert, ist ständigem Wandel unterworfen, während die Arbeit fortschreitet und immer neue Bruchstücke eingefügt werden, bis am Ende alles so schlüssig ist, daß dieser immer wieder verworfene und neu rekonstruierte Zusammenhang als »gesichert« gelten darf und schließlich ein Fachaufsatz daraus entsteht, den abgesehen von Kollegen und Studenten keiner liest.

Daher war Dubys berühmte Aufforderung, sich eine Vorstellung vom großen Ganzen zu machen, zugleich auch ein Appell an seine Zunft. Er formulierte damit ein Programm, das er selbst und viele andere Wissenschaftler und Publizisten sich zu eigen gemacht haben: sich nicht nur selbst den großen Zusammenhang vorzustellen, sondern dieses Gesamtbild auch dem interessierten Publikum darzubieten.

Nichts lieber als das. Zumal seit wenigen Jahren dafür in Form von Hochleistungscomputern und 3-D-Grafikprogrammen Hilfsmittel zur Verfügung stehen, von denen 1984 noch niemand zu träumen gewagt hätte. Wissenschaftler und Studenten des Troia-Projekts der Universität Tübingen, das unter der Leitung von Manfred Korfmann seit 1988 in Troia ausgräbt, haben mit Hilfe dieser modernen Technik in Tausenden von Grafiken das alte Troia sozusagen elektronisch wiederauferstehen lassen. Ihre Rekonstruktionen bilden den Kern dieses Buches.

Wobei sie keineswegs einfach ihre Phantasie spielen ließen, sondern – wie Duby das auch meinte – auf der Basis der gesammelten wissenschaftlichen Erkenntnisse alle bekannten Einzelteile des Puzzles nutzten und die Leerstellen dazwischen ebenso skrupulös wie plausibel ergänzten (s. Kap. »3000 Jahre danach«). Dieses Buch müßte daher eigentlich heißen: »Troia – Wie es nach bestem Wissen und Gewissen der dort arbeitenden Wissenschaftler höchstwahrscheinlich aussah« – aber das wäre, wie wohl jeder zugeben wird, doch ein bißchen zu lang für den begrenzten Raum auf dem Umschlag gewesen. Und vor allem so staubtrocken, wie die Geschichte von Troia mit Sicherheit nicht war.

Was die Leser erwartet, sind also nicht allein nackte Fakten (dafür stehen die Fotos der realen Ruinen und Funde), aber auch nicht phantasievolle Hirngespinste einiger Computergrafiker; sie erwartet sozusagen eine auf harter wissenschaftlicher Basis nach allen Regeln der Kunst erstellte »Hochrechnung«, wie das im Lauf seiner Geschichte immer wieder neu erbaute Troia ausgesehen hat.

Dazu erzählen wir in knapper Form die Geschichte dieses berühmtesten Ausgrabungsorts der Welt, ebenfalls so gut und so plausibel es auf der Grundlage der bekannten Fakten möglich ist. Auch das geht nicht, ohne Leerstellen mit Hypothesen auszufüllen, aber wir haben es gleichfalls nach bestem Wissen und Gewissen getan.

Widerspruch ist uns sicher. Kritik im Detail wird es in Fülle geben, auch Grundsatzkritik von seiten derer, die sich unwohl fühlen, wenn sie den geschützten Hafen der harten Fakten verlassen sollen. Aber das ist im Fall von Troia nichts Neues.

Denn kaum hatte Homer die Geschichte vom Troianischen Krieg aufgeschrieben, ging der Gelehrtenstreit um Troia schon los. Bereits in der Antike behaupteten Demetrios von Skepsis und Hestiaia von Alexandria Troas (eine der wenigen damaligen Wissenschaftlerinnen), das homerische Troia habe nicht an der Stelle der griechisch-römischen Stadt Ilion gelegen, sondern »30 Stadien« (ca. 5,5 Kilometer) entfernt beim »Dorf der Ilier«. Allerdings gibt es dort keinerlei Reste alter Ansiedlungen, und schon die meisten anderen antiken Autoren widersprachen den beiden entschieden.

Auch Heinrich Schliemann und alle Troia-Ausgräber nach ihm haben diese Geschichte in das Reich der Fabel verwiesen. Da sowohl Hestiaia als auch Demetrios aus Städten stammten, die damals mit Ilion konkurrierten, hatte Schliemann sicher recht, als er den beiden »Neid und Mißgunst« als Motive unterstellte.

Heinrich Schliemann selbst hatte ebenfalls mit mancherlei Anfechtungen zu kämpfen, da zunächst die meisten Gelehrten seiner Zeit Troia nicht an der heute bekannten Stelle, sondern weiter südlich beim Dorf Pınarbaşı vermuteten. Den Vogel abstruser Anfeindungen schoß allerdings der Amateurarchäologe und Artilleriehauptmann a.D. Ernst Bötticher ab, der in Vorträgen und Publikationen behauptete, Schliemann und sein Mitarbeiter Wilhelm Dörpfeld hätten ihre Grabungsergebnisse bewußt falsch dargestellt – in Wirklichkeit sei Troia keine Stadt, sondern eine Feuernekropole gewesen, also so etwas wie ein gigantisches Beinhaus mit integriertem Krematorium. Daraufhin lud Schliemann Bötticher – aber auch bedeutende Gelehrte – zu zwei Konferenzen nach Troia ein, damit sie sich »an Ort und Stelle von der Sachlage überzeugen« konnten. Dabei wurden förmliche Protokolle aufgesetzt, die Schliemann und Dörpfeld völlig recht gaben – was Hauptmann Bötticher allerdings wenig beeindruckte: Er setzte seine Kampagne gegen den, wie er meinte, »trojanischen Humbug« unbeirrt fort.

Auch das laufende Troia-Projekt hatte von Anfang an Gegner, die vieles besser wissen wollten. So behauptete der Geologe Eberhard Zangger, Troia sei mit dem mythischen Atlantis identisch. Atlantis war laut Platon eine Insel (Troia ist keine), es versank im Atlantik (Troia gibt es nach wie vor – deutlich über dem Meeresspiegel der Ägäis), es lag von Griechenland aus gesehen im Westen (Troia liegt im Osten), aber das kann man auch als kleinliche Faktenhuberei abtun ...

Während Zangger also Troia deutlich größer haben wollte, versuchte der Tübinger Althistoriker Frank Kolb, die Stadt klein zu reden, ihr jegliche Bedeutung jenseits der umliegenden Äcker abzusprechen und seinen Tübinger Kollegen Manfred Korfmann, den Grabungsleiter, als wissenschaftlichen Scharlatan hinzustellen, der »abenteuerlichste Fantasiegebilde« entwickelt hätte. Dabei bediente er sich nicht nur öffentlicher Beschimpfungen, wie sie unter Akademikern sonst unüblich sind, und aus dem Zusammenhang gerissener, zurechtgebogener Zitate, sondern auch eines Taschenspielertricks: Er stellte dem Grundriß Troias die Pläne anderer zeitgenössischer Städte gegenüber, um zu zeigen, wie winzig Troia gewesen sei, verwendete dabei aber völlig unterschiedliche Maßstäbe, so daß die anderen Städte im Vergleich zu Troia zweibis viermal so groß wiedergegeben wurden.

Da das Ganze ins Nachrichten-Sommerloch des Jahres 2001 fiel, wurde die »Debatte«, die eigentlich eine einseitige und unfaire Attacke gewesen war, in den Medien sensationslüstern immer mehr breitgetreten (die Schlagzeile »Neuer Troianischer Krieg« fiel auch dem letzten Hospitanten ein), bis sich regelrechte wissenschaftliche »Lager« pro und contra Korfmann gebildet hatten.

Eberhard Schaich, Rektor der Universität Tübingen und um deren Ruf besorgt, zog daher die Notbremse und lud im Februar 2002 zu einem von ihm persönlich begleiteten »Troia-Symposium« an seine Hochschule ein, um den Streit so beizulegen, wie es sich unter Wissenschaftlern gehört.

Für alle interessierten Zuhörer wurde es eine frustrierende Veranstaltung. Ein ganzes Wochenende lang drehte sich die Debatte im Grund nur um erkenntnistheoretische Prinzipienreitereien und philologische Grabenkämpfe: Wann ist eine Stadt eine Stadt? Wie viele Mauern muß ein Archäologe ausgegraben haben, um sagen zu dürfen, er habe ein Haus gefunden? Wie viele Beweise müssen für eine Hypothese erbracht werden, damit sie als »gesichert« gelten darf? Wie plausibel muß ein Modell sein, damit es ein Modell ist und nicht nur eine Spekulation?

Es half wenig, die Fronten blieben verhärtet, jede Seite sah sich als Gewinner. Medien und Öffentlichkeit verloren das Interesse.

Endgültig beendeten diesen Streit dann vier britische Archäologen und Altertumswissenschaftler, die nicht im Verdacht stehen, in deutsche akademische Ränkespiele und Eifersüchteleien verstrickt zu sein. In einem Aufsatz in der hochangesehenen Fachzeitschrift *Anatolian Studies* analysierten sie die Argumente der Korfmann-Gegner Stück für Stück und kamen einstimmig zu dem Ergebnis, daß »alle gegen Professor Korfmann vorgebrachten Kritikpunkte ungerechtfertigt sind«.

Das Schlußwort zur Debatte sprach dann kein anderer als Eberhard Schaich, der im selben Sommer Troia besucht hatte und – jetzt von seiner Neutralitätspflicht als Symposium-Gastgeber erlöst – am 26. Oktober 2002 auf einer Troia-Veranstaltung sagte: »Wer sich mit eigenen Augen vor Ort ein Bild macht, wird nicht mehr daran zweifeln, daß Troia eine große, mächtige Stadt war.«

Dem können wir, die Autoren dieses Buches, uns nur anschließen. Zwei von uns begleiten die neuen Ausgrabungen in Troia journalistisch und publizistisch seit mehr als zehn Jahren, und zwar durchaus nicht unkritisch, und haben die Stätte viele Male besucht; der dritte arbeitet als Archäologe seit Beginn der neuen Grabungen 1988 Sommer für Sommer dort. Wir wissen, wie exakt die in manchen Jahren bis zu 95 Wissenschaftler aus 14 Ländern in Troia forschen, wie minuziös sie ihre Ergebnisse dokumentieren, wie skrupulös sie ihre Arbeitshypothesen untereinander diskutieren. Gemeinsam mit ihnen haben wir uns mehr als ein Bild davon gemacht, wie die große, mächtige Stadt einst aussah, und wir wollen andere daran teilhaben lassen.

Wir laden unsere Leserinnen und Leser ein, uns auf einen Rundgang durch Troia zu begleiten, durch seine vielen Schichten und Epochen, dabei die Geschichte des Orts nachzulesen und sich selbst ein Bild zu machen: Betrachten Sie das historische Troia so, wie es die Archäologen vor Ort nach vielen Jahren der Forschung mit ihren inneren Augen sehen.

Frühe Blüte

Troia I–V

Frühe Blüte

Troia I–V

Zwischen Land und Meer

Auf dem Weg nach oben haben die Reifen eines Geländewagens die Grasnarbe aufgerissen. Darunter ist rostrote Erde, mit zahllosen Kalksteinsplittern durchsetzt, zutage gekommen. Einer der Splitter, der besonders weiß strahlt, fällt durch seine ungewöhnliche Form auf: ein langgezogenes, sehr flaches Trapez, das sorgfältig geglättet wurde; nur die kürzere Schmalseite hat eine rauhe Bruchkante, die gegenüberliegende Seite ist zu einer Schneide geschliffen. Es handelt sich um die abgebrochene Klinge eines kleinen Steinbeils.

Eigentlich sind wir auf diesen Berg gestiegen, um ihn nach Spuren früher Erzverarbeitung abzusuchen, statt dessen halten wir jetzt einen Beweis dafür in Händen, daß diese Gegend bereits seit der Jungsteinzeit die Heimat von Menschen ist.

Diese Gegend: das ist die Troas, wie die Landschaft um Troia von alters her heißt. Von diesem Berg – dem Fığlatepe – hat man eine herrliche Aussicht auf die gesamte westliche und nördliche Troas: eine von Hügelketten gesäumte und an Quellen reiche fruchtbare Ebene, von Flüssen durchzogen, die in die Dardanellen, die Meerenge zwischen Ägäis und Marmarameer, münden.

Als die ersten Menschen hier seßhaft wurden, sah die Ebene erheblich anders aus: Im Norden lag eine tief eingeschnittene Bucht, die erst im Lauf der Jahrtausende allmählich verlandete (s. Karte hinten). An ihrem Westufer, am Ende der Hügelkette, die die Ebene zur Ägäis hin abschirmt, finden sich auf einer heute kaum noch erkennbaren Bodenerhebung, dem Kumtepe, die ersten Spuren menschlicher Ansiedlung. Sie sind über 7000 Jahre alt.

Um 4800 v.u.Z. stand hier bereits ein richtiges Dorf. Seine Bewohner trieben Landwirtschaft und gingen fischen, aßen Feigen und Austern; sie fertigten eine schön verzierte Keramik an und kannten bereits Kupfer. Gegen Ende des 4. Jahrtausends kamen neue Siedler, die auch schon Blei und Bronze verwendeten. Auch sie nutzten den Reichtum des Meeres, lebten aber überwiegend von Ackerbau und Viehzucht mit Ziegen und Schafen als wichtigsten Haustieren. Und sie führten eine Neuzüchtung ein: Wollschafe, die nicht nur Milch und Fleisch, sondern auch wertvollen Rohstoff für Bekleidung lieferten.

Um 3000 gründeten diese Menschen auf dem Ende eines gut 30 Meter hohen Bergrückens, der von Osten her in die Bucht ragte, eine neue Siedlung: die Keimzelle Troias. Die Flüsse hatten mit ihrem Schwemmsand die Küstenlinie mittlerweile bis zu diesem Geländesporn vorgeschoben, der somit ein idealer Platz war: Er bot freie Sicht ringsum, Schutz vor den Stechmücken der Sümpfe und leichten Zugang sowohl zum Meer als auch zur nun landwirtschaftlich genutzten Ebene – nach wie vor die beiden Lebensgrundlagen.

Die erste Burg

In Ägypten herrschte gerade die erste Dynastie, bis zum Bau der Pyramiden sollten noch 400 Jahre vergehen; auf Kreta bildete sich allmählich die minoische Kultur heraus, ihre ältesten Paläste wurden erst knapp 1000 Jahre später errichtet; und bis die ersten Mykener nach Griechenland einwanderten, sollte es gleichfalls noch fast 1000 Jahre dauern: Da bauten sich die Troianer schon eine veritable Festung.

Denn sicher genug war den Bewohnern ihr Bergsporn trotz aller natürlichen Vorzüge offensichtlich nicht: Er wurde von Anfang an mit einer Verteidigungsmauer umgeben, was zu Beginn des 3. Jahrtausends v. u. Z. in dieser Weltgegend einmalig war. Sie war anfangs 2,5, später 3 Meter dick und wie alle troianischen Mauern der gesamten Bronzezeit bereits »geböscht« (Abb. S. 21); das heißt, an der Außenseite waren die Steine in Form einer steilen Schräge aufgeschichtet. Das hatte statische Gründe, weil die Befestigungsanlagen am Berghang standen und senkrechte Wände zu leicht unter dem Druck von innen umgekippt wären. Auf diesem Unterbau stand noch eine senkrechte Mauer aus ungebrannten Lehmziegeln, die mit einem Verputz vor Verwitterung geschützt war. Später wurde auch die Steinbasis verputzt, um eine glattere Oberfläche zu bekommen, die Feinde nicht so leicht hochklettern konnten.

Mindestens drei Tore erlaubten den Zugang in den inneren Bereich, wo große, herrschaftliche Häuser standen (Abb. S. 23). Sie waren auf rechteckigen Steinfundamenten in einer Art Fachwerkkonstruktion aus Balken und Lehmziegeln errichtet und trugen ein Flachdach. Teils standen sie frei, teils waren sie aneinandergebaut. Die Innenräume waren meist nicht unterteilt und mit Feuerstellen und Schlafplätzen auf Steinsockeln ausgestattet. »Möbel« in unserem Sinn gab es vermutlich noch nicht: Man legte einfach Matten oder Felle auf den gestampften Boden oder die Podeste. Vorräte wurden in mit Lehm ausgekleideten Gruben oder in großen Tongefäßen gelagert.

Die Keramik war von Hand gefertigt und poliert, meist einfarbig schwarz oder grau bis oliv, aber es gab auch elaborierte, mit Zickzack- oder Wellenlinien oder stilisierten menschlichen Gesichtern verzierte Gefäße (Abb. S. 26), Schalen auf hohen Füßen, Schnabelkannen und Dosen mit Deckeln, die man festschnüren konnte. Insgesamt wurden 60 verschiedene Gefäßtypen gefunden, darunter auch dreibeinige Kochtöpfe, die direkt ins Feuer gestellt wurden.

Die Speisekarte war abwechslungsreich: Rind, Schwein, Schaf, Ziege sowie Kaninchen, Damhirsch, Wildschwein und Wildvögel, dazu vom Acker Emmer, Einkorn, Gerste, Erbsen, Linsen, Kichererbsen, Saubohnen und Ölfrüchte und schließlich die unter-

Die älteste Festungsmauer von Troia ist nur noch an wenigen Stellen zu sehen. Der untere, gut vier Meter hohe Teil war aus großen, unbehauenen Steinen gemauert; Unregelmäßigkeiten wurden mit kleineren Steinen ausgeglichen und überstehende Vorsprünge nachher abgeschlagen; zur Stabilisierung wurden Lücken und Löcher mit Bruchstücken sowie Lehm oder Erde verfüllt.

schiedlichsten Meerestiere von Muscheln und Austern über kleinere Fische bis hin zu Delphinen und Thunfischen.

Neben den althergebrachten Werkzeugen aus Stein, Holz und Knochen verwendete man auch schon welche aus Kupfer und Bronze. Eine Gußform für eine Schneide oder Speerspitze aus dieser Zeit belegt, daß die Metallverarbeitung in Troia schon früh rasche Fortschritte machte. Eine Besonderheit waren Messerklingen aus Obsidian, einem glasartigen vulkanischen Gestein, so scharf wie geschliffener Stahl.

Massenhaft in Gebrauch waren sogenannte Spinnwirtel, die von einer regen Textilproduktion zeugen: abgeflachte kleine Keramikkugeln mit einem Loch in der Mitte, die sowohl als Schwungscheiben beim Handspinnen wie auch als Gewichte beim Weben verwendet wurden. Neben der Wolle der Schafe wurden auch Pflanzenfasern wie etwa Lein genutzt. Nadeln aus Knochen und Metall, letztere oft verziert, dienten zum Nähen und zum Zusammenhalten der Kleidung.

Den Troianern ging es gut. Die Siedlung entwickelte sich die nächsten 200 Jahre stetig, die Handwerkstechniken wurden immer weiter verfeinert, neue kamen hinzu, und der Handel erblühte und rückte immer mehr in den Mittelpunkt.

Haupttransportmittel waren Schiffe, was bei der Lage an einer wichtigen Seepassage nicht weiter verwundert. (Falls man schon Wagen benutzte, wurden sie von Ochsen gezogen; Pferde oder Esel gab es in Troia damals noch nicht.) Die Handelsbeziehungen erstreckten sich in die nördliche Ägäis und ins Marmarameer und weiteten sich nach und nach ins fernere Mittelmeer, aber auch ins westliche anatolische Hinterland aus.

Prächtige Paläste

So viele Reichtümer häuften die Troianer an, daß sie es sich um 2600 v. u. Z. leisten konnten, ihren Burgberg gründlich umzugestalten: Die Verteidigungsmauer wurde erweitert und bekam neue Türme und Tore; im Norden des Hügels wurden große Terrassen aufgeschüttet und mit Stützmauern gesichert; auf diesem vergrößerten Plateau erbaute man eine Residenz. Die neuen herrschaftlichen Häuser folgten wieder dem Schema des Megaron-Baus, waren jetzt aber nach Südosten ausgerichtet.

Troia muß einen regelrechten Wirtschafts- und wohl auch Bevölkerungsboom erlebt haben. Binnen kurzer Zeit wurden die Festungsmauern noch zweimal erweitert und immer imposanter. Im Südosten, wo das Gelände nicht ganz so steil abfiel, sicherten mehrere wie Bastionen vorspringende Türme die Mauer zusätzlich ab. Drei Tore gab es, die beiden größeren wurden mit beachtlichem Aufwand zu repräsentativen, jedem Besucher Ehrfurcht abverlangenden Aufgängen ausgebaut (Abb. S. 24). Und auch die für ihre Zeit überwältigenden Gebäude im Inneren der Residenz verfolgten

Das größte Haus der ersten Siedlungsschicht (3000–2600) ist das älteste Megaron oder Vorhallenhaus in Troia: Die 18 Meter langen Seitenwände waren über die Front hinaus verlängert und bildeten eine offene Vorhalle; die ebenfalls vorgezogene, sieben Meter breite Dachkonstruktion wurde von Holzsäulen zwischen den Wänden getragen. Häuser vom Megaron-Typ gab es in vielen Epochen Troias; die Bauweise gilt als Vorläufer griechischer Tempel.

offensichtlich das Ziel, durch ihre Größe und Gestaltung Gäste mehr als nur zu beeindrucken (Abb. S. 28).

Waren diese Prachtbauten Paläste oder Tempel? Lebten hier Priester oder Könige? Für die Anfangszeit von Troia können wir das nicht sagen, da es keine schriftlichen Überlieferungen gibt; aber in zahlreichen anderen frühen Hochkulturen – etwa bei den Hethitern, die später in Zentralanatolien ein mächtiges Reich beherrschten – gab es diese Trennung gar nicht. Der weltliche Herrscher war zugleich der religiöse Führer, der oberste Priester. Zudem waren die Tempel der damaligen Zeit keine reinen Kultstätten wie unsere heutigen Kirchen; sie waren auch Wirtschaftsbetriebe, die Reichtümer anhäuften und umverteilten, und darin eher unseren mittelalterlichen Klöstern vergleichbar.

Die Stadt wird befestigt

Wann immer man solche herrschaftlichen Gebäude findet, ob man sie nun Tempel oder Paläste nennen will, belegen sie auf jeden Fall, daß es sich um eine hierarchisch strukturierte, arbeitstei-

Zum südwestlichen Tor der Zitadelle führte in der zweiten Hälfte des 3. Jahrtausends eine Rampe hinauf, die noch heute die Besucher beeindruckt. Sie weist eine Steigung von fast 25 Prozent auf; die über fünf Meter breite Straße zwischen den dicken Brüstungen ist mit großen, geglätteten Steinplatten gepflastert. Wer sie hinaufging, den erwartete oben eine majestätische Torhalle von vier Meter Durchlaßbreite; sie konnte außen und innen mit je einer doppelflügeligen Tür verschlossen werden. Die Festungsmauern aus Kalkstein ragten rund 8,5 Meter hoch am steilen Hang empor; die gemauerte und wie üblich geböschte untere Hälfte war nun auch zum

Teil außen geglättet und wiederum verputzt; vier Meter dick und mindestens genauso hoch türmte sich darüber der Lehmziegel-aufbau.
Auf der rechten Seite des Tors sprang die Festungsmauer zu einer Art Bastion vor, von der aus die Rampe im Fall eines Angriffs bestens von oben verteidigt werden konnte.

Genauso wichtig wie die Wehrhaftigkeit aber dürfte der repräsentative Charakter der Anlage gewesen sein, die als schiere Machtdemonstration interpretiert werden kann: Wer vor weit über 4000 Jahren unten vor dieser Anlage stand, sei es Freund oder Feind, der empfand sich selbst sicherlich als klein und ohnmächtig.

Typisch für die älteste Kultur in Troia ist handgemachte und meist schwarzbraun gebrannte Keramik. Eine Besonderheit von Troia II–III sind sogenannte Gesichtsvasen mit anthropomorphen Zügen.

lige Gesellschaft gehandelt haben muß, in der die Macht mehr oder weniger zentralisiert war. Und da beim damaligen Stand der Landwirtschaft viele Bauern nötig waren, um Handwerker, Verwaltungsbeamte, Militärs, Priester und schließlich Herrscher zu ernähren, kann diese Gesellschaft nicht allzu klein gewesen sein.

In der Tat beschränkte sich Troia spätestens jetzt nicht mehr auf den eigentlichen Burg- oder Residenzbereich: Es hatte eine befestigte Untersiedlung, wie ein großes, massives Palisaden-Bollwerk beweist, dessen Basis in den Jahren 1992 bis 1998 ausgegraben und erforscht wurde (Abb. S. 42). Mit der ^{14}C-Methode wurde es – wie die Burg selbst – auf die Mitte des 3. Jahrtausends v.u.Z. datiert. Troia war nun eine richtige, geplante Stadt mit einer Fläche von geschätzten 90 000 Quadratmetern. Zwar gab es in Mesopotamien schon 1000 Jahre früher durchaus größere Städte, aber für Anatolien wie für den gesamten Ägäisraum war dies im 3. Jahrtausend etwas Einzigartiges.

Wer genau im frühen Troia die Macht innehatte, ist mangels Quellen leider nicht herauszufinden – aber er konnte sich glücklich schätzen, in seinen Mauern eine Reihe von ausgezeichneten Künstlern zu haben.

Begnadete Schmiede

Die Handwerkstechniken machten in Troia rasante Fortschritte. Die Keramik fertigte man mittlerweile auf Töpferscheiben, was viel kunstvollere, dünnwandigere Gefäße erlaubte. Man verfügte jetzt auch über richtige Brennöfen, die eine größere und gleichmäßigere Hitze lieferten als die offenen Feuer oder die Brenngruben, die bis dahin verwendet worden waren. Wie bei jeder technischen Innovation wurden mit den neuen Verfahren zunächst nur wenige, besondere Gefäßtypen gefertigt – Luxusgüter sozusagen –, doch nach und nach wurde dann immer mehr Alltagsgeschirr so hergestellt. Vor allem aber ließ sich Keramik auf diese Weise schneller und in größeren Stückzahlen anfertigen; man konnte also über den Eigenbedarf hinaus produzieren und hatte Handelsgüter feilzubieten.

Die höchste Kunstfertigkeit entwickelten die frühen Troianer aber bei der Metallverarbeitung. Aus Bronze gefertigte Waffen und Werkzeuge waren keine Einzelfälle mehr, sondern die Regel: Klingen, Rasiermesser, Sägen, Äxte, Schwerter, Pfeilspitzen. Man konnte sogar ganze Gefäße aus Bronze gießen: kunstvoll verzierte Kannen und Schalen.

Für einfachere Dinge, beispielsweise Messerklingen, wurde das flüssige Metall aus dem Schmelztiegel in flache, offene Formen aus Stein oder Keramik gegossen, wobei die obere Seite dann noch nachmodelliert werden mußte. Für voluminösere Gegenstände wie Gefäße verwendete man zweiteilige Formen, bei denen die flüssige Bronze durch relativ kleine Öffnungen hineingegossen werden mußte. Und für sehr fein modellierte Teile, etwa Henkel, Griffe, Figuren oder anderen Zierat, kannte man schon die sogenannten verlorenen Formen aus Wachs.

Rund um die Ägäis war Bronze erst um 2500 v. u. Z. so weit verbreitet, daß man allgemein von »Bronzezeit« sprechen kann. In Troia müssen die neuen Fertigkeiten schon früher bekannt gewesen sein, es hatte eindeutig eine Vorreiterfunktion. Man kennt nur ganz wenige Orte auf der Welt, an denen Bronze so früh und in so großen Mengen verarbeitet wurde.

Mit den neuen Verfahren konnten die troianischen Bronze-

Die südöstliche Torhalle der Zitadelle war mit ihren Innenmaßen von sieben mal sieben Meter noch imposanter als die südwestliche (Abb. S. 24); wer sie passiert hatte, stand vor einem weiteren Eingangsbauwerk, das definitiv keine Verteidigungsfunktion hatte, sondern rein repräsentativen Zwecken diente. Es bestand aus einer im Westen rechtwinklig abknickenden Flucht von überdachten, nach außen geschlossenen Kolonnaden, in deren Mitte – gegenüber vom eigentlichen Burgtor – sich eine

weitere, diesmal kleinere Torhalle öffnete, ein sogenanntes Propylon (oben). Durch dieses gelangte man in einen großen, inneren Vorhof, hinter dem die zentralen Prachtbauten der Zitadelle standen. Ihre Eingangsseiten waren genau auf diesen gepflasterten Zugangsweg ausgerichtet. Es ist bewundernswert, mit welchem Geschick die troianischen Baumeister hier für die Besucher des Machtzentrums eine architektonische Inszenierung erschufen, die im Anblick der größten Paläste gipfelte.

Nach mehreren Um- und Neubauten standen schließlich fünf gigantische Bauten vom Megaron-Typ parallel nebeneinander auf dem höchsten Plateau der Burg von Troia II. Wer durch das Propylon (am linken Bildrand, vgl. Abb. S. 28) trat, stand direkt vor dem mittleren und größten Megaron: 35 Meter lang, 14 Meter breit und geschätzte 10 Meter hoch war es – die in der Rekonstruktion am Boden sitzenden Gestalten veranschaulichen die Größenverhältnisse. Auf seine nahezu quadratische Vorhalle folgte ein riesiger, ungeteilter Innenraum mit einer zentralen, erhöhten Feuerstelle von vier Metern Durchmesser. Unmittelbar links und rechts daneben standen kleinere Megara, deren Fronten etwas zurückversetzt waren. Die schmalen Baulücken dazwischen waren verblendet, so daß sich den Besuchern der Anblick eines einzigen, riesenhaften Bauwerks

bot – das uns Heutige an eine dreischiffige Basilika erinnern würde.
Die Wände waren innen wie außen verputzt; ihr Steinfundament trug einen komplizierten Aufbau aus einem doppelten Fachwerk von Ständern und Längsträgern, die im Wandinnern quer miteinander verbunden waren; diese Tragstruktur war mit Lehmziegeln von 70 mal 45 mal 12 Zentimetern ausgefacht. Um bei den luftgetrockneten Ziegeln das zu vermeiden, was man heute als Schwundriß bezeichnet, war dem Lehm gehäckseltes Stroh beigemischt. An der Außenseite zogen sich mit Schieferplatten verkleidete Gesimse um das Megaron, und die Fronten der Anten – der vorgezogenen Seitenwände – schlossen vorn je sechs vorgesetzte hölzerne Halbsäulen auf einem durchgehenden Sockel ab.

schmiede – wie ihre Töpferkollegen – in großen Stückzahlen einheitliche Gegenstände anfertigen, was nicht nur bedeutete, Handel damit treiben zu können, sondern im Fall von Schwertern sowie Lanzen- und Pfeilspitzen auch die Kriegführung erheblich veränderte, da jetzt viel mehr Kämpfer mit den besten Waffen der Zeit ausgerüstet werden konnten.

Die Spitzenstellung unter den Handwerkern nahmen die Goldschmiede ein. Sie verwendeten ein sehr hochwertiges Ausgangsmaterial mit einem Goldgehalt von 96 Prozent (heute gilt »585er« Gold mit einem Anteil von 58,5 Prozent schon als das »bessere«), aus dem nicht nur kleine Schmuckteile gefertigt wurden, sondern auch ganze Gefäße wie der berühmte, an eine Sauciere erinnernde schiffchenförmige Becher, der sich heute in Moskau befindet. Daneben wurden auch mit 3,5 bis 5 Prozent Kupfer gehärtetes Silber und Elektron verarbeitet, eine Gold-Silber-Legierung im Verhältnis von 2:1 bis 4:1.

Faszinierender als die Kostbarkeit des Materials ist aber die Vielfalt der Formen und Techniken (Abb. S. 35). Neben dem Prachtstück, dem großen Diadem, das Schliemann 1873 fand, gab es Lockenringe, Armreifen, Nadeln, Perlen, Plättchen oder sogenannte Körbchenohrringe. Alles war zusätzlich kunstvoll verziert, wie

Von der Mitte des 3. Jahrtausends an wurde Keramik auch auf der Töpferscheibe hergestellt, was ganz neue Formen erlaubte, beispielsweise die typischen doppelhenkligen Trinkbecher, sogenannte Depas-Gefäße. Die handgemachte schwarzbraune Keramik blieb aber weiterhin in Gebrauch.

klein das Schmuckstück auch sein mochte. Allein in seinem »Schatz A« fand Schliemann 8700 kleine Goldperlen, die trotz ihres Durchmessers von meist unter 5 Millimetern ganz unterschiedlich geformt oder gemustert waren: Blüten, Blätter, Sterne, Rauten, ihrerseits mit ziselierten und gepunzten Ornamenten oder Reihen von winzigsten, aufgelöteten Goldkügelchen geschmückt.

Für solche Miniaturen, die mit bloßem Auge nicht auszuführen sind, benutzten die troianischen Goldschmiede bereits Vergrößerungslupen: aus Bergkristall geschliffene Linsen. Diese hatten andere fähige Handwerker hergestellt, die Steinschneider, die nicht nur Alltagsdinge produzierten, sondern auch wertvolle Materialien verarbeiteten: neben Bergkristall für Lupen und löwenköpfige Zepterknäufe vor allem Marmor und Karneol. Ihre Meisterstücke waren vier reich verzierte Prunkäxte von 26 bis 31 Zentimetern Größe, die wohl ausschließlich rituellen Zwecken dienten; drei bestehen aus Nephrit, einem grünen, matt-metallisch schimmernden Stein, die vierte ist aus Lapislazuli, einem ultramarinblauen Schmuckstein, der in Anatolien nicht vorkommt. Die nächstgelegene natürliche Lagerstätte befindet sich in Afghanistan, von woher möglicherweise auch das für die Bronze benötigte Zinn kam, das gleichfalls selten ist.

Die Troianer des 25. Jahrhunderts verfügten über ausgesprochen weitreichende Handelsbeziehungen, nicht nur nach Osten, sondern auch nördlich bis ins heutige Rumänien und Bessarabien, nach Syrien und Kilikien im Südosten, nach Zentralanatolien und bis in den Kaukasus sowie in die gesamte Ägäis und ins weitere Mittelmeer.

Gerührt oder geschüttelt?

Bisher wurde von einer Zeit berichtet, die wissenschaftlich als »Troia I« und »Troia II« bezeichnet wird, was vielleicht der Erklärung bedarf. Der Hügel von Hisarlık, wie die berühmte Ausgrabungsstätte auf türkisch heißt, wurde über Jahrtausende hinweg immer wieder neu bebaut, und zwar immer auf dem Siedlungsschutt der vorangegangenen Epoche (s. Schaubild S. 165), so daß der Berg heute einer gigantischen Schichttorte gleicht – die allerdings zusätzlich mehrfach durchgerührt wurde. Generationen von einstigen Baumeistern haben mal planiert, mal aufgeschüttet, und Generationen von neuzeitlichen Archäologen haben Breschen hineingeschlagen, sondiert, Schnitte angelegt, gegraben, Abraum beiseite geschafft. Zusätzlich haben die in Anatolien häufigen Erdbeben den Hügel immer wieder durchgeschüttelt, haben Mauern umgeworfen, Hänge abrutschen und Häuser einstürzen lassen.

Schon Heinrich Schliemann und sein Nachfolger Wilhelm Dörpfeld kamen auf die Idee, diese vielfach verworfenen Schichten anhand typischer Merkmale – zum Beispiel der Bautechnik oder der Keramik – auseinanderzuhalten. Dazu zählten sie die von ihnen identifizierten Schichten von unten nach oben durch: Die älteste, aus der frühen Bronzezeit, bezeichneten sie als Troia I, die jüngste, vom Ende der römischen Epoche, als Troia IX. Spätere Archäologen konnten mit verfeinerten Methoden innerhalb der Schichten zahlreiche Bauphasen differenzieren – über 50 sind es mittlerweile; sie behielten aber, um nicht Verwirrung zu stiften, die alte Zählung bei und ergänzten sie um angehängte Buchstaben wie zum Beispiel Troia VIIa, Troia VIIb und so weiter. Als schließlich noch feiner unterschieden werden mußte, hängte man an die Buchstaben zusätzlich arabische Ziffern: VIIb1, VIIb2 …

Diese Zählung wird leicht mißverstanden: Natürlich manifestiert sich jeder große Umbruch – wenn etwa neue Siedler kommen oder die Stadt zerstört wird – in einem Schichtwechsel; keineswegs handelt es sich aber dabei immer um eine komplett neue Stadt und schon gar nicht immer um eine neue Kultur. Genau wie in unseren heutigen Städten ein gotischer Dom, ein barockes Palais, ein klassizistisches Rathaus und eine Waschbeton-Bankfiliale miteinander am selben Marktplatz stehen können, hatten solche unterschiedlichen Bauphasen in Troia oft gleichzeitig Bestand; sie überlappten einander, weil an einer Stelle etwas Neues gebaut wurde, während an anderer man in den alten Häusern weiterlebte.

So verhält es sich auch mit den ersten drei Hauptschichten auf dem Hügel von Hisarlık, Troia I bis III, die einen Zeitraum von 800 Jahren repräsentieren und vom heutigen Grabungsleiter Manfred

Troias Goldschmiede waren Meister ihrer Kunst: Noch die filigransten Teile des Schmucks zeigen ihrerseits abermals kleinere Ausschmückungen in Form winzigster Goldperlchen oder zartester Ziselierungen. Die hier gezeigten Stücke gehören zum »Schatz C« und wurden – unter anderem in einer Gesichtsvase versteckt – in den Brandschichten gegen Ende von Troia II gefunden. Die langen Ohrgehänge links sind sogenannte Körbchenohrringe.

Das Foto links zeigt die Rampe und die Burgmauer von Troia II während der Ausgrabungen in den neunziger Jahren des 19. Jahrhunderts u. Z. Links von der Rampe, an der markierten Stelle kurz vor der Biegung in der Mauer, fand Heinrich Schliemann den

Korfmann unter dem Begriff »maritime Troia-Kultur« zusammengefaßt werden: Mit den Übergängen von I zu II und zu III waren zwar erhebliche Veränderungen und Umwälzungen verbunden, aber stets lebte und arbeitete, wie man an ihren Luxus- und Alltagsgegenständen erkennen kann, die gleiche Bevölkerung in der Stadt.

Feuer

Es brannte. Es brannte verheerend. Eine furchtbare Katastrophe brach über Troia herein. Sie traf die Bewohner offensichtlich überraschend. Vorräte, Hausrat und Wertgegenstände ließen sie bei ih-

berühmten »Schatz des Priamos« oder »Schatz A«. Rechts der Zustand der Rampe nach einer gründlichen Reinigung und vorsichtigen Restaurierung in den neunziger Jahren des 20. Jahrhunderts.

rer Flucht zurück. Doch die meisten konnten ihr Leben retten: In der Brandschicht wurden nur drei Tote gefunden.

Kurz zuvor hatte man noch neu gebaut, die Stadt schien aus den Nähten zu platzen, denn auch im zentralen Burgbereich wurden mehrere Megaron-Bauten (nicht jedoch die drei zentralen) durch kleinere Wohnhäuser ersetzt. Jetzt vernichtete das Feuer, das um 2350 v. u. Z. ausbrach, alle Paläste und die neuen Wohnhäuser sowie möglicherweise auch ältere Troia-I-Gebäude im Norden und Süden.

Sobald das Feuer verloschen war, kehrten die Troianer zurück und machten sich ans Aufräumen. Wo es ging, bauten sie auf den alten Fundamenten neue Häuser, sonst auf dem Schutt. Da es schnell gehen mußte, gerieten die Mauern dünner und weniger akkurat, aber schlecht ging es den Bewohnern nicht. Negativabdrücke im Brandschutt verraten den Archäologen, daß die Troianer vieles von dem bergen konnten, was sie bei der Flucht nicht hatten mitnehmen können. Rechts oberhalb vom – zerstörten – großen Megaron entstand auf den sich 1,5 Meter hoch türmenden Brandresten ein neuer Magazinbau, was bedeutet, daß man jetzt in größerem Umfang Vorräte anlegte.

Viel weiter war man noch nicht gekommen, überall lagen noch die Schutthalden, als ein zweites Feuer erneut die Stadt verheerte. Das neue Magazin wies an den Innenwänden gerade erst zwei Putzschichten auf (üblicherweise wurde der Putz jährlich erneuert), und die Brandschichten lagen so dicht übereinander, daß Schliemann sie mit seinen Mitteln noch als eine einzige ansehen mußte und nur von *der* »verbrannten Stadt« sprach. Wieder konnten die Bewohner fliehen, wieder mußten sie alles oder vieles zurücklassen, und wieder kehrten sie zurück und gingen an den Neuaufbau.

Der »Schatz des Priamos«

Nicht alles, was sie zurückgelassen hatten, fanden die Troianer wieder, und das war Heinrich Schliemanns Glück: Seine großen Schatzfunde machte er genau unter diesen beiden Brandschichten.

Die Formulierung »Schatz des Priamos«, mit der er den größten Goldfund (wissenschaftlich: »Schatz A«) bezeichnete, geht allerdings allein auf seine Begeisterung für die *Ilias* zurück und hat keinerlei historische Grundlage: Wenn es denn je *den* Troianischen Krieg Homers gab (vgl. S. 110) und wenn je ein König Priamos zu dieser Zeit Herrscher Troias war, dann lebte er über 1200 Jahre später – in einer Stadt, die völlig anders aussah, in der völlig andere Menschen lebten, in der man nichts von der glorreichen Vergangenheit in der frühen Bronzezeit wußte, deren Spuren unter vielen, vielen Metern Schutt aus 12 Jahrhunderten vergraben lagen, bis sie noch mal über 30 Jahrhunderte später von Archäologen wiederentdeckt wurden.

Die berühmtesten Schätze lagen, wie gesagt, *unter* den Brandschichten, nicht darin, und das wirft eine interessante Frage auf: Wie kamen sie dahin?

Wer vor einem plötzlich ausbrechenden Feuer flieht, kann sich nicht die Zeit nehmen, erst noch Schätze zu vergraben – aber all das Gold und Silber und die Prunkäxte aus Nephrit und Lapislazuli waren sorgsam versteckt worden, und zwar noch vor den Bränden.

Wurden die Schätze vor Angreifern versteckt, die dann die Stadt brandschatzten? Dann hätte es nicht so viele weitere Kostbarkeiten in den Brandschichten geben dürfen, denn Eroberer hätten wohl erst geplündert, ehe sie die Stadt anzündeten.

Andererseits wurden diese Schätze – im Gegensatz zu den sonstigen Dingen, die man aus dem Brandschutt barg – nie wieder aus ihren Verstecken geholt, was bedeutet, daß ihre Besitzer – mit Sicherheit Angehörige der Oberschicht oder des Herrscherhauses – nicht mehr zurückkehrten beziehungsweise zurückkehren konnten. Das ließe sich mit einem Krieg erklären, aber eine Eroberung scheint nicht stattgefunden zu haben, und auch sonst gibt es keine Anzeichen für Kämpfe, für Fremde in der Stadt.

Das Ganze ergibt nur schwer einen Sinn, und die Archäologie kann diese Frage auch nicht beantworten. Die einzig plausible Erklärung scheint uns ein innerer Feind zu sein, vor dem die Reichen ihre Habe versteckten: soziale Unruhen, in deren Verlauf es zu diesen Bränden kam und die Herrscher vertrieben oder getötet wurden, so daß alles mögliche aus dem Schutt geborgen wurde – bis auf die wenigen, extrem wertvollen Schätze, über deren Verbleib niemand mehr etwas wußte.

Aber das ist reine Spekulation.

Härtere Zeiten

In das spekulative Bild einer sozialen Revolte paßt allerdings, daß die Troianer beim Wiederaufbau ihrer Stadt nach einem ganz anderen Schema vorgingen. An Stelle der gewaltigen Megaron-Bauten entstanden Wohnhäuser mit mehreren Räumen und Innenhöfen.

Die Außenmauern wurden nun meistens ganz aus Bruchsteinen errichtet und nicht mehr als Lehmziegel-Fachwerk auf Steinfundamenten. Vielleicht wollte man so auch besser der Brandgefahr vorbeugen – schließlich arbeitete man ja überall mit offenen Feuerstellen.

Das südöstliche Burgtor wurde stark verkleinert und zum Teil mit Wohnhäusern überbaut, nur das Südwesttor mit der eindrucksvollen Rampe wurde unverändert weiter genutzt. Die Burgmauern wurden teils ausgebessert, teils über den Trümmern aufgestockt. Südlich davon wurde auch die Außensiedlung, die von den Bränden weitgehend verschont geblieben war, umgebaut: Mit Schutt aus dem inneren Bereich wurden breitere Terrassen angeschüttet und darauf mindestens zwei größere Gebäude errichtet, eines wieder ein Megaron.

Auch Troia III war keine »ärmliche« Siedlung, wie frühere Ausgräber angenommen hatten, sondern eine richtige Stadt mit einer befestigten Burg, die in ihren Mauern wesentlich mehr Bewohner als Troia II beherbergte. Und sie war weiterhin ein bedeutendes Macht-, Handels- und Verwaltungszentrum, in dem man sich etwas leisten konnte. Besonders eindrücklich beweist das ein großer Bau neben dem südöstlichen Burgtor (Abb. S. 46). In ihm wurden

nicht nur verschiedene Kultgefäße gefunden, sondern auch Metallgegenstände und weitere wertvolle Dinge, die unter anderem auf nach wie vor weitreichende Handelsbeziehungen schließen lassen.

Das Leben verlief jetzt, in Troia III, also weiterhin in durchaus erträglichen Bahnen, auch wenn die Stadt sich nicht mehr so rasant wie zu Beginn von Troia II entwickelte. Es lebten nach wie vor die gleichen Menschen hier. Bei den Handwerkstechniken und der Keramik gab es bis auf kontinuierliche kleine Verbesserungen und stilistische Weiterentwicklungen anscheinend keine großen Veränderungen, genau wie im sonstigen Alltag. Nur in der Ernährung stellten die Troianer sich im Lauf der folgenden Jahrzehnte etwas um: Der Verzehr von Rindern, Schweinen und Schafen ging zurück, dafür wurde mehr Damwild gegessen – ein Indiz, daß die Zeiten nicht mehr ganz so rosig waren. Mit den vorangegangenen Katastrophen muß das aber nichts zu tun gehabt haben; genauso

Viele Stunden dauerte es, diesen bemalten Topf – das Foto links zeigt ihn in Fundlage – herauszupräparieren. Er stammt aus Troia II (ca. 2600–2350) und ist das älteste bemalte Keramikgefäß, das bislang hier gefunden wurde.
In einem Dorf knapp 20 Kilometer südlich von Troia wurden anno 1994 u. Z. die Krüge auf dem Foto rechts angefertigt: Rund 4400 Jahre später ist die Technik der Bemalung noch immer dieselbe, und auch der Stil ist verblüffend ähnlich. Die Töpferin konnte dabei von ihrem historischen Vorbild nichts wissen: Es wurde erst 1995, also ein Jahr später gefunden.

Die Stadtbefestigung von Troia II: Der ein Meter tiefe schmale Graben diente als Fundament einer Palisade; alle 2,5 Meter standen direkt dahinter Stützpfosten; 2,5 Meter stadteinwärts wurden parallel dazu größere Pfostenlöcher gefunden, in denen die Ständer eines Wehrgangs ruhten. Zwischen zwei besonders dicken Endpfosten öffnete sich ein knapp zwei Meter breites Tor, flankiert von zwei kurzen Palisaden bis zu den

können Mißernten und Seuchen der Grund dafür gewesen sein, daß das Leben härter wurde.

Lange Zeit dauerte diese letzte Epoche der maritimen Troia-Kultur nicht, rund 150 Jahre nur (im Gegensatz zu 650 Jahren Troia I und II). Noch zweimal hat es gebrannt, aber die Stadt wurde dabei nicht zerstört. Wahrscheinlicher ist, daß ein Erdbeben den endgültigen Niedergang besiegelte.

Um 2200 v.u.Z. hatten die meisten Nachfahren der Stadtgründer, die Träger der ersten troianischen Hochkultur, den Ort verlassen. Nur noch wenige Menschen lebten in den alten Mauern – was bedeutete, daß es jede Menge Platz gab.

inneren Wehrgang-Stützen; ihr schiefer Winkel erklärt sich aus der vorgegebenen Richtung des Torwegs. Unklar ist, ob als eigentliche Palisade eine lehmverputzte Flechtwerkkonstruktion oder eine massive Holzwand diente. Daß das Bollwerk schnurgerade durchs Gelände verlief, spricht für horizontal verlegte Stämme; dagegen spricht allerdings der gewaltige Holzbedarf.

Willkommene Zuwanderer

Warum sich die Neuankömmlinge auf den Weg gemacht hatten, wissen wir nicht. Wahrscheinlich spielte wieder einmal eine Haupttriebfeder aller menschlichen Aktivität eine Rolle: Hunger. Vielleicht hatte sich die Bevölkerung am angestammten Ort zu stark vermehrt, und ein Teil mußte auswandern. Vielleicht war der Grund auch die Klimaverschlechterung, die um 2500 v.u.Z. eingesetzt und möglicherweise auch schon Troia III die härteren Zeiten beschert hatte.

Die Temperaturen auf der Nordhalbkugel der Erde sanken innerhalb der nächsten 1000 Jahre stetig. Nicht viel: um 1,5 °C nur. Doch schon so geringfügige Veränderungen wirken sich auf Fauna und Flora und damit auf die menschlichen Lebensgrundlagen fundamental aus: Würde die heutige Durchschnittstemperatur von 15 °C nur um ein halbes Grad steigen, wäre in England Weinbau möglich und auf Grönland Weidewirtschaft; würde sie um drei Grad sinken, bräche in Mitteleuropa die nächste Eiszeit aus.

Kälteres Klima bedeutete zu allen Zeiten, daß die Winter eisiger wurden und die Sommer nasser, daß die lokal angepaßten Formen der Landwirtschaft nicht mehr genügend Erträge lieferten, daß Menschen und Vieh darbten und Krankheiten sich ausbreiteten, daß die Menschen schließlich ihr Zuhause verließen, um sich erträglichere Gefilde zu suchen. 1,5 °C weniger genügten, um einiges Durcheinander zu verursachen. Diese 1000 Jahre waren von großen Völkerwanderungen rund um die Ägäis geprägt, und vielleicht waren die Menschen, die sich um 2200 in Troia niederließen, ihre ersten Vorboten.

Woher sie kamen, läßt sich ziemlich genau sagen: aus dem Osten, aus dem Inneren Kleinasiens, wo das Klima auch heute noch um so rauher wird, je höher man in die Berge kommt. Ihre Herkunft konnten die Archäologen anhand ihrer Hausbauweise und ihrer Alltagsgegenstände bestimmen, die damals in Inneranatolien weit verbreitet waren. Auffälligstes Merkmal waren die Kuppelöfen, bienenkorbähnliche Backöfen (Abb. S. 79), die nun überall in Troia brannten und darauf schließen lassen, daß die Neuen bestimmte Arten der Nahrungszubereitung schätzten. Daneben gab es weiterhin die althergebrachten offenen Feuerstellen, und auch in dieser Epoche kam es immer wieder zu Feuersbrünsten.

Die Zuwanderer bauten sich – jetzt wieder aus Lehmziegelwänden auf Steinfundamenten – langgestreckte Häuser, die dicht an dicht standen und jeweils eine gemeinsame Außenwand besaßen, auf der die Flachdächer von beiden Seiten her auflagen. (Diese Konstruktion brachte es mit sich, daß nach Bränden gleich mehrere Häuser neu errichtet werden mußten.)

Nicht nur die Bauweise, auch die Formen und Dekors ihrer Alltagsdinge brachten sie aus der alten Heimat mit: Ihre Spinnwirtel waren kunstvoller verziert, und sie fertigten Gefäße mit weit hochgezogenen Henkeln sowie Kannen mit breiten, an Kleeblätter erinnernden Ausgüssen; ihr Kochgeschirr, das im Kuppelofen verwendet wurde, war flach und hatte keine Füße mehr.

Dieses Gefäß mit seinen auffälligen figürlichen Verzierungen stammt aus dem 1998 entdeckten Megaron von Troia III. Am Rand sitzen kleine Idole in der Haltung von Betenden. Durch die länglichen Ösen an den Seiten verliefen Schnüre, mit denen das Gefäß aufgehängt wurde. In der Rekonstruktion auf S. 47 sieht man es rechts oben von der Decke hängen – von wo es herabstürzte, als das Megaron von einem Feuer vernichtet wurde.

Sie kamen jedoch nicht als Eroberer, die alles Angestammte hinwegfegten. Wahrscheinlich waren sie, wie immer bei solchen Wanderungsbewegungen, mit Kind und Kegel und dem nötigsten Hausrat gekommen. (Und vielleicht waren ihr Saatgut und ihr Vieh besser an kälteres Wetter angepaßt, und sie waren somit hochwillkommen.) Die »anatolischen« Troianer assimilierten sich rasch und übernahmen unter Beibehaltung eigener Traditionen vieles von der ortsansässigen Kultur, vor allem bei der Keramikgestaltung. Zahlreiche Gefäße wiesen die vertrauten Formen der maritimen Troia-Kultur auf oder nur geringfügige Modifikationen. So wurden etwa die typischen Gesichtsvasen stärker stilisiert und bauchiger – und bekamen zusätzlich Ärmchen.

Allzu rosig war das Leben aber jetzt, in Troia IV, nicht: Beim Fleischverzehr stieg der Anteil von Wild auf über 30 Prozent, während in glücklicheren Tagen zu 50 Prozent Rind gegessen worden war, sodann Schaf und Ziege und nur wenig Schwein und Wild. Jetzt war es umgekehrt: Die sich rasch vermehrenden Schweine aß man, gefolgt vom Wild, am häufigsten, und sie wurden sehr jung geschlachtet. Das alles weist darauf hin, daß eine geregelte Herdenhaltung nicht oder kaum möglich war. Offensichtlich

1998 entdeckten die Archäologen innen an der Burgmauer von Troia II ein ziemlich großes Megaron, das aufgrund einer ^{14}C-Datierung Troia III zugerechnet werden muß. Seine Wände sind bis in 1,5 Meter Höhe erhalten. Der Hauptraum maß 4,5 mal 9 Meter und hatte in der Mitte eine runde, etwa einen Zentimeter dick verputzte Feuerstelle von 1,2 Meter Durchmesser. Der mehrfach weiß gekalkte Fußboden weist Spuren auf, die auf die Verwendung von Schilfmatten als Sitzgelegenheiten schließen lassen.
An der Längswand links daneben erhob sich ein fein verputzter Lehmsockel von 0,6 mal 0,6 mal 0,25 Meter, der wegen der Funde in diesem Bereich als Altar gilt.

Sowohl die runde Feuerstelle als auch der Wandaltar sind anhand der Rekonstruktion leicht auf dem Foto zu identifizieren.
Zahlreiche Gefäße und Metallgegenstände wurden in diesem Gebäude gefunden, auch bearbeiteter Bergkristall, eine Karneolperle, kleine Idole und ein Zepter mit einem Fayence-Knauf, bei dem es sich wahrscheinlich um einen Import aus Ägypten handelt (in der Rekonstruktion auf dem Altar).
All diese Funde wie auch die Architektur lassen darauf schließen, daß es sich nicht um einen Palast mit Hausaltar handelte, sondern daß das Megaron zumindest teilweise eine kultische Funktion hatte.

wurden die Troianer an einer normalen bäuerlichen Tätigkeit gehindert, und zusammen mit den zahlreichen Bränden läßt dies auf häufige Überfälle schließen, sei es durch Feinde, sei es durch plündernde, umherziehende Horden: Die Zeiten blieben sehr unruhig.

Ein jähes Ende

Erst um 1900 v. u. Z. ging es in Troia wieder aufwärts. Die Bewohner konnten sich neue, größere und schönere Häuser leisten. Die Grundrisse blieben ähnlich, aber die Mauern waren sorgfältiger konstruiert und ausgeführt. Außerdem gab es mehr Platz: Der Hauptraum eines der erforschten Troia-V-Häuser maß mindestens fünf mal zehn Meter, und an drei Seiten schlossen sich Nebenräume an.

Jetzt gab es auch häufiger so etwas wie Möbel: Im Innern der Häuser wurden Podeste und Sitzgelegenheiten aus Steinen, Ziegeln und Lehm gemauert und getüncht. Auch dabei wurde auf eine sorgfältige Ausführung Wert gelegt.

Offenbar hatte man Zeit, einen neuen Sinn für Ästhetik zu entwickeln. Besonders deutlich zeigte sich dies bei der Keramikherstellung, die auch technisch einen bedeutenden Fortschritt machte: Man arbeitete jetzt mit Töpferscheiben, die sich viel schneller drehten als die früheren, was feine, sehr dünnwandige Gefäße ermöglichte. Große Schalen mit roten Kreuzen als Bemalung sind für diese Zeit typisch, ebenso eingeritzte Spiralornamente, die mit weißer Farbe akzentuiert wurden; schließlich bekamen die Gefäße graue Überzüge.

Und bei der Ernährung betrug der Rindfleischanteil nun wieder 50 Prozent, die Viehwirtschaft verlief also in geordneten Bahnen, wie anscheinend die gesamte Ökonomie: Grabbeigaben belegen, daß die Bewohner von Troia V mit den Kykladen, mit Kreta und wahrscheinlich auch mit Zypern Handel trieben.

Plötzlich war alles vorbei. Weder eine große Brandkatastrophe noch ein Erdbeben noch ein Krieg waren der Grund, für nichts dergleichen fanden die Archäologen Anhaltspunkte – nur hier und

An solch einem Profil können die Archäologen die materielle Geschichte eines Orts wie aus einem Buch ablesen: Deutlich erkennt man die schwarzen Brandschichten, die von den Feuerkatastrophen in Troia IV künden. Die Schichten darüber lassen durch ihre Dicke auf die Dauer von Siedlungsphasen und durch Verfärbungen auf bestimmte Materialien schließen: Die hellen Streifen sind Estrich, dazwischen liegen braune Lehmziegel.

da kleinere Brände und die Spuren des allmählichen Verfalls, nachdem die Stadt um 1750 v.u.Z. weitgehend verlassen worden war. Warum nach einer Phase des Aufschwungs, des Wohlstands dieses jähe Ende kam, ist nicht zu erklären. Theoretisch nicht auszuschließen sind allerdings Erzfeinde der Menschheit, die immer wieder zuschlugen, ohne irgendwelche Spuren zu hinterlassen: Seuchen. Vielfach grassierte in der Bronzezeit beispielsweise die Malaria, aber auch eine Epidemie paßt nicht so recht ins Bild dieser Jahre. Aufschluß könnten darüber nur Skelette aus dieser Untergangszeit geben, aber es wurden kaum welche gefunden.

»Anatolische Troia-Kultur« nennt Manfred Korfmann die Zeit von Troia IV und V zusammenfassend. Sie währte rund 500 Jahre. Ein halbes Jahrtausend, über das viel zuwenig bekannt ist und über das wahrscheinlich auch nicht mehr herausgefunden werden kann, denn schon bald zerstörten neue Baumeister diese Siedlungsschichten weitgehend. Aber so bedauerlich diese Wissenslücke auch ist: Diese Troianer schufen das mächtigste Troia, das es je gab.

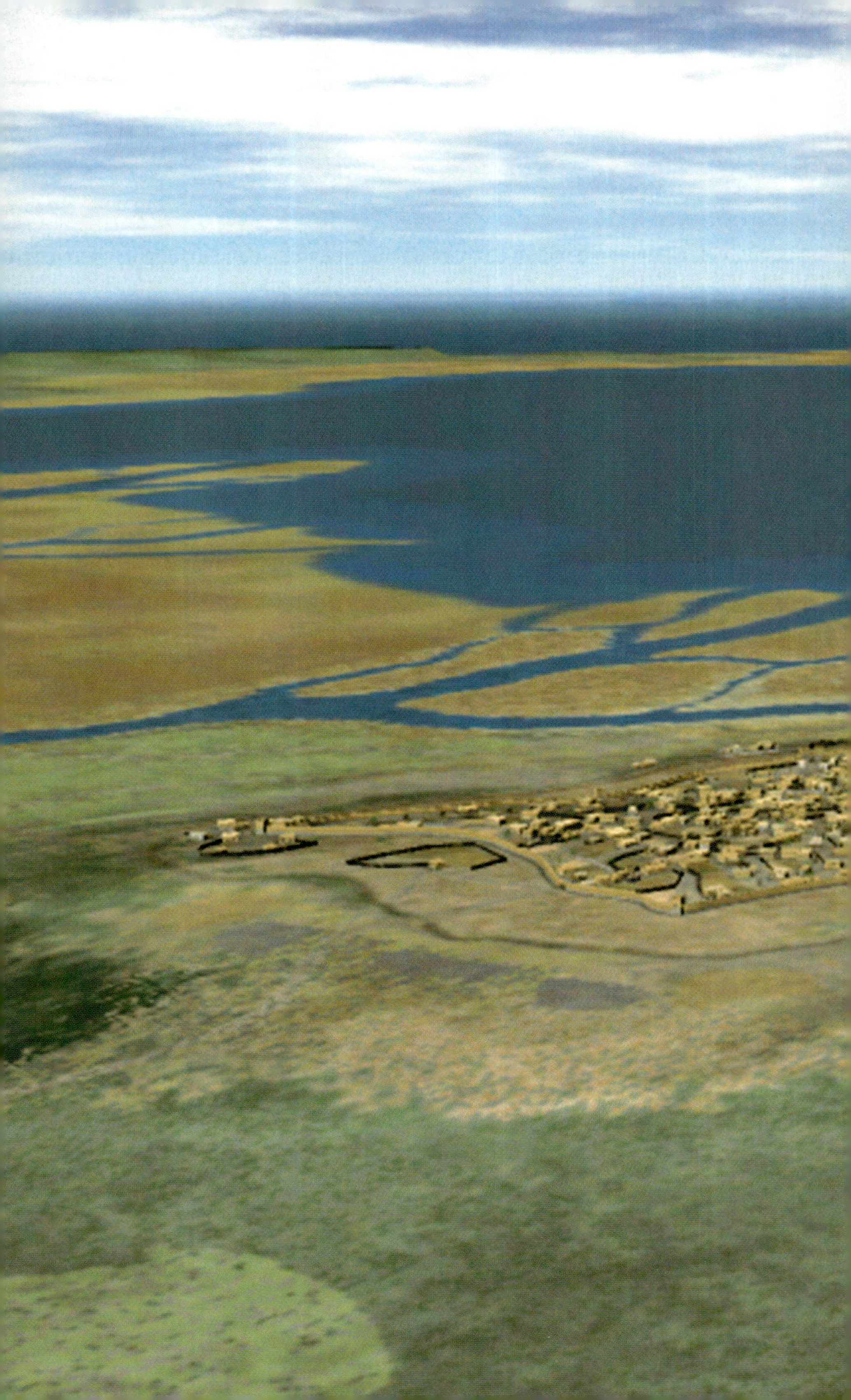

Die Hochkultur

Troia VI–VII

Die Hochkultur

Troia VI–VII

Anatolische Völkerwanderung

Woher die neuen Siedler kamen, die Troia zu seiner mächtigsten und glanzvollsten Periode führten, die jene Burg bauten, die wir heute noch ehrfürchtig bestaunen, läßt sich einmal mehr nicht genau sagen. Ziemlich sicher ist allerdings, woher sie nicht kamen: Sie kamen nicht übers Meer, sie kamen nicht von Westen. Sie sprachen kein frühes Griechisch, wie lange angenommen worden war.

Doch ihre Sprache war gleichfalls indoeuropäisch. Nach allem, was man heute weiß, war auch in Troia VI jene Sprache zu Hause, die von der Mehrzahl der damaligen Bevölkerung Anatoliens gesprochen wurde: Luwisch.

Im 3. Jahrtausend waren, wahrscheinlich aus Gegenden nördlich des Schwarzen Meers, Indoeuropäer nach Anatolien eingewandert. Linguistischen Analysen zufolge hatten sie sich spätestens seit 2300 in unterschiedlichen Gebieten niedergelassen, denn ihre Sprache spaltete sich von da an in Hethitisch und Luwisch auf. Die einen – die Hethiter – hatten Zentralanatolien zu ihrer Heimat gemacht, während die anderen – die Luwier – an die Küsten gezogen waren, bis sie dann im 2. Jahrtausend v. u. Z. nahezu in der gesamten Südhälfte bis zum Golf von Iskenderun und, wie man seit kurzem weiß, entlang der Ägäis bis hinauf in den Nordwesten siedelten. (Einen gemeinsamen luwischen Staat gab es allerdings nie.)

Diese Wanderungsbewegungen stimmen mit den Befunden von Troia ziemlich gut überein: Bereits die Bewohner von Troia IV waren ja um 2200 aus Inneranatolien gekommen und vielleicht durch Neuankömmlinge von dort vertrieben worden. Denn daß sie und die Begründer von Troia VI miteinander verwandt waren, ist nicht anzunehmen: Die neuen Siedler nahmen keinerlei Rücksicht auf die Traditionen ihrer Vorgänger, als sie ihre Stadt planten und bauten.

Auch wenn die luwischen Siedler um 1700 wahrscheinlich auf dem Landweg nach Troia gekommen waren, bedeutet das nicht, daß sie nichts mit dem Meer zu tun haben wollten. Im Gegenteil, ihre Macht bezogen sie aus der besonderen Lage Troias am Eingang der Dardanellen, aus der Tatsache, daß die Troas sowohl an die Ägäis als auch an die Meerenge grenzt, die so schwierig zu befahren war.

Reich durch Wind und Wasser

Während in die Ägäis so gut wie kein größerer Fluß mündet, wird das Schwarze Meer gleich von drei wasserreichen Flüssen (Donau, Dnjepr und Don) gespeist. Dieser Süßwasserüberschuß ergießt sich durch die Dardanellen ins Mittelmeer und bewirkt hier eine Oberflächenströmung, die in Spitzenzeiten eine Geschwindigkeit von fünf Knoten (über neun Kilometer pro Stunde) erreicht und im Mittel noch immer zwischen zweieinhalb und drei Knoten (4,6 bis 5,5 Kilometer) hat. Dagegen hätte man vielleicht mit einer ausreichend großen Mannschaft anrudern können – vorausgesetzt, der Wind spielte mit. Doch gerade das ist vor Troia nicht der Fall: Die vorherrschenden Winde kommen aus Nordost, haben dieselbe Richtung wie die Strömung und verstärken sie damit.

Da die bronzezeitlichen Schiffe Rahsegler waren und keinen tiefgezogenen Kiel hatten, konnten sie nur begrenzt gegen den Wind kreuzen. Eine Einfahrt von der Ägäis in die Dardanellen war

Die Fahrt durch die Dardanellen ist unter Segeln schwierig. Noch Anfang des 20. Jahrhunderts u. Z. lagen bisweilen Hunderte von Segelschiffen hier vor Anker, um auf günstigen Wind zu warten. Erst seit es Dampf- und Motorschiffe gibt, ist die Meerenge zu jeder Zeit eine der verkehrsreichsten Wasserstraßen der Welt.

ihnen deshalb nur an den wenigen Tagen im Sommerhalbjahr möglich, an denen ein konstanter Wind aus Südwest bläst. Zwischen Mai und September sind das nur etwa 14 Tage. Im Winter überwiegt zwar die »richtige« Windrichtung, aber dann handelt es sich häufig um Stürme, die an den Engstellen der Dardanellen zu gefährlichen Wirbeln führen – mit gutem Grund war die Seefahrt in der Bronzezeit auf die wärmere Jahreszeit beschränkt.

Die Schiffe mußten also vor den Dardanellen in Warteposition gehen, um den günstigen Zeitpunkt abzupassen. Der Haupthafen von Troia lag deshalb wohl auch nicht an der Dardanellenbucht nördlich der Stadt, sondern im Westen, an der Ägäisküste, wo die Schiffe jederzeit anlegen konnten. Hier wurde auch ein »internationaler« Seemannsfriedhof entdeckt mit Grabbeigaben, die auf Händler aus West und Ost, Nord und Süd hinweisen.

Ein rasanter Aufstieg

Die Jahrzehnte um 1700 brachten nicht nur für Troia einen bedeutenden Wandel, auch an anderen Orten nahmen Entwicklungen ihren Lauf, die den Gang der Geschichte für die nächsten 500 Jahre bestimmen sollten. In Babylon regierte Hammurapi, der das altbabylonische Reich begründete und mit seinen Gesetzen in die Historie einging, in Assyrien nahm ebenfalls ein großes Reich seinen Anfang, und in Zentralanatolien eroberte ein gewisser Anitta mehrere Kleinkönigtümer und schwang sich zum Großkönig der Hethiter auf. Auf dem griechischen Festland entwickelte sich die mykenische Kultur, und auf Kreta begann die glanzvolle minoische Periode der neuen Paläste. Zugleich gründeten die Minoer Niederlassungen wie Iasos, Milet und Knidos an der Westküste Kleinasiens.

Der Handel, der zuvor längere Zeit eher dahingedümpelt war, nahm einen ungeheuren Aufschwung.

Und Troia konnte sich daran in mehrfacher Hinsicht beteiligen: zum einen als Hafenstadt, die als Drehscheibe zwischen Ost und West fungierte, und zum anderen, weil man dank des Pferds, das die Indoeuropäer mit nach Troia gebracht hatten, neue Möglichkeiten für den Transport über Land bereitstellen konnte.

Den Schiffen auf dem Weg ins Schwarze Meer bot Troia nicht nur den Warteplatz, sondern sicher auch so etwas wie Lotsendienste an und ließ sich neben der Verköstigung und den Dienstleistungen vor allem Maut zahlen. (Das war auch später noch so: Aus römischer Zeit ist ein Marmorstein erhalten, auf dem die Tarife eingemeißelt sind – höhere für die Passage Richtung Osten und niedrigere für die leichtere nach Westen.) Damit wird klar, warum diese prosperierende Stadt vor der Meerenge lag und nicht etwa an deren schmalster Stelle: Eine Siedlung, deren Hafen nur an wenigen Tagen im Jahr erreichbar war – und das ausgerechnet zu dem Zeitpunkt, an dem man auch weiterfahren konnte –, hätte keinen Sinn gemacht und es gewiß zu keinerlei Wohlstand gebracht.

Inwieweit sich die Troianer selbst als Seefahrer betätigten, ist nicht bekannt. Aber vermutlich taten sie das eher weniger. Viel wahrscheinlicher ist, daß die Stadt nicht nur als Warte-, sondern

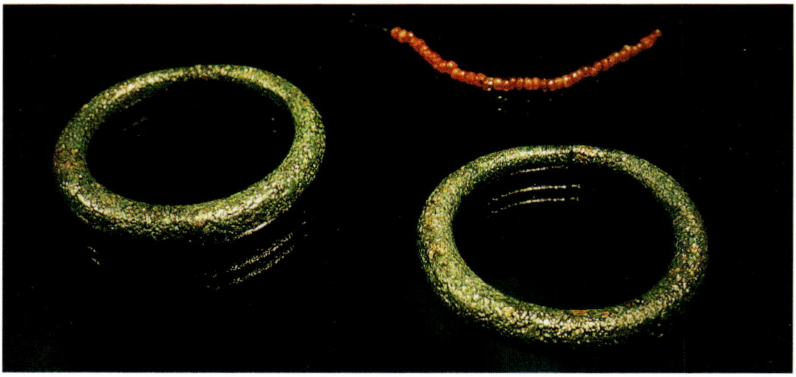

Karneolperlen und zwei Beinringe aus Bronze, die als Beigabe in einem Grab am Ägäishafen von Troia gefunden wurden. Solche Beinringe wurden vor allem im Kaukasus getragen. Wahrscheinlich gehörten sie einem Händler und wurden als Zahlungsmittel verwendet. Ihr Gewicht entspricht der in Babylonien üblichen Mine, das eingeritzte Muster jedoch gleicht Funden aus Pommern – eine wahrhaft internationale Zusammensetzung.

auch als Umschlagplatz fungierte, die Troianer also Waren von Händlern aus dem Osten übernahmen – möglicherweise bereits an einem Außenposten am anderen Ende der Dardanellen, damit deren Schiffe das Marmarameer gar nicht erst verlassen mußten – und an Minoer und später Mykener weitergaben, die den Ägäishafen anliefen. Und natürlich nahmen sie auch von letzteren beiden Waren in Empfang, die wiederum an Seefahrer im Marmarameer übergeben wurden.

Der bronzezeitliche Handel insgesamt war nicht unabhängig organisiert, sondern Sache der verschiedenen Fürsten und Könige, die in vielen Fällen den Transport durch ihr Territorium von ihren eigenen Leuten besorgen ließen; diese waren nicht Händler im heutigen Sinne, sondern auch Soldaten und Diplomaten im Auftrag ihrer Herrscher. In den seltensten Fällen – wenn überhaupt – dürften sich der ursprüngliche Besitzer einer Ware und ihr Endabnehmer von Angesicht zu Angesicht gegenübergestanden haben: Es waren eher Ketten von Handelsbeziehungen, die sich über viele

Stationen erstreckten. Daß in Troia Lapislazuli gefunden wurde, der nur aus Afghanistan stammen konnte, bedeutet nicht, daß die Troianer direkte Handelspartner in den innerasiatischen Bergen hatten, sondern daß die Stadt in ein Handelssystem eingebunden war, das so weit reichte.

Im 2. Jahrtausend v. u. Z. nahm auch der Handel über Land, der weitaus mühsamer und gefährlicher war, in dieser Region deutlich zu, nachdem Esel und Pferde (deren Wildformen aus wesentlich heißeren beziehungsweise kälteren Zonen stammten) so weit an das mediterrane Klima angepaßt waren, daß man sie als Zug- und Lasttiere einsetzen konnte. Mit ihnen kam man schneller voran und konnte unwegsameres Gelände durchqueren als mit Ochsenkarren. Auch für den Handel über Land lag die Stadt an idealer Stelle: Der Weg vom Balkan nach Westanatolien führte unweigerlich über Troia.

Aus dem Osten und Norden kamen vor allem Metalle wie Kupfer und Gold sowie das zur Bronzeherstellung notwendige Zinn und Preziosen wie Bernstein (den es nur im Baltikum gibt) oder der sehr beliebte Karneol (der im Kaukasus verbreitet ist), außerdem Nahrungsmittel, Sklaven und Pferde.

Aus dem Süden und Westen kamen begehrte Luxusgüter wie bemalte Keramik, kostbare Harze und Parfüme, Hölzer, Öle, Tuche, Waffen, Schmuck und Fayencen, die in den Hochkulturen am Mittelmeer, am Nil und in Mesopotamien hergestellt worden waren.

All das wurde in Troia natürlich nicht nur umgeschlagen, ein Teil davon verblieb auch am Ort. Seinen wohlhabenden Bewohnern mangelte es an nichts.

Meister der Baukunst

Eine reiche Stadt mit einer beständigen Einnahmequelle weckt Begehrlichkeiten, sei es bei Plünderern, sei es bei anderen Herrschern. Um etwaigen Angriffen zu begegnen oder – noch besser – jeden Gedanken daran wegen offenkundiger Zwecklosigkeit gleich im Keim zu ersticken, mußte eine imposante Befestigung her.

Das Südtor war der Haupteingang zur Burg und zugleich der prächtigste. Das Tor wurde mit einer zweiflügeligen Tür verschlossen und war mit über drei Metern Breite so groß, daß man bequem mit einem Wagen hindurchfahren konnte. Die Straße, die durch das Tor ins Zentrum der Burg führte, war mit Steinplatten gepflastert und hatte einen verdeckten Abwassergraben (auf dem Foto in der Mitte zu erkennen). Die fünf Meter dicke Festungsmauer und eine kleinere Bastion stammen aus der Zeit von Troia VI-Spät (zwischen 1470 und 1300), der monumentale Turm wurde erst zu Beginn von Troia VIIa (1300) davorgebaut. Auf einem Grundriß von 10 mal 9,5 Metern und mit einer fünf Meter starken Frontmauer erhob er sich weit über zehn Meter und kündete von der Macht und dem Reichtum der Burgherren. Davor

standen vier große Stelen, die die Schutzgötter der Burg und der Stadt verkörperten. Sie sind auch heute noch an dieser Stelle zu finden. Sie wurden aus Muschelkalk gearbeitet und in sorgfältig behauene Sockelsteine eingelassen. Der Turm hatte innen auf der Burgseite eine breite Tür, durch die man in einen ebenerdigen Raum gelangte. Darin befand sich, umgeben von einem Pflaster aus kleineren Steinen, eine weitere Stele. Auch sie war aus einem ausgesuchten Monolithen gearbeitet und zeigte, wie alle der mindestens 17 erhaltenen Stelen aus der Spätbronzezeit, keinerlei bildliche Darstellung. Auf der rechten Torseite ist vor der Burgmauer ein langes schmales Lehmziegelhaus, das sogenannte Antenhaus, zu erkennen, in dem Reste von Brandopfern gefunden wurden.

An allen Toren wie an wichtigen Wegkreuzungen Troias wurden Steinstelen gefunden. Sie galten einst als Verkörperungen von Göttern. Aus späterer Zeit ist ein solcher Stelenkult insbesondere für Apollon bekannt – der laut Ilias *auf seiten der Troianer kämpfte. Und derselbe Gott ist auch in dem Vertrag, den die Hethiter um 1280 v. u. Z. mit Wilusa schlossen, zu finden: Der Name eines der Götter von Wilusa lautet dort Appaliuna.*

Die dicksten und höchsten Mauern erhielt die Burg, die wesentlich größer und mit einem völlig neuen Grundriß angelegt wurde. Insgesamt wurden drei Burgmauern in der langen Periode von Troia VI (1700–1300) errichtet, die immer dicker und höher wurden. An ihnen lassen sich zugleich die Fortschritte der Baukunst festmachen.

Die erste Mauer war noch aus unbehauenen, kleineren Kalksteinen, relativ steil und mit 1,5 Metern nicht allzu dick. Sie erwies sich denn auch als nicht allzu standfest: An mehreren Stellen gab sie dem Druck von Erdreich und Wasser aus dem Burginneren nach und kippte hangabwärts. Aber man lernte dazu.

Nach 130 Jahren hatte die erste Mauer ausgedient, und es wurde eine neue direkt davor gebaut. Das hatte den Vorteil, daß die Burg während der Arbeiten an keiner Stelle ungeschützt war. Die Mauer wurde stärker geböscht, wie zuvor schon während der maritimen Troia-Kultur, und man verwendete jetzt zu Quadern behauene Steine, die aber noch ziemlich locker aufeinandergetürmt waren. Die Lücken wurden wie bei der ersten Mauer mit Lehm und Splitt gefüllt. Diese Mauer war zwar doppelt so dick, doch richtig sicher stand auch sie noch nicht.

Die wahre Kunst der troianischen Baumeister zeigte sich bei der

Als weitere Gottheit von Wilusa wird der »Unterirdische Wasserlauf« angeführt, dem in der Hethiterhauptstadt Gewölbegrotten errichtet wurden. In Troia wurde diese unterirdische Quellgrotte gefunden: Sie ist mehrfach verzweigt und reicht über 150 Meter weit in den Felsen. Sie wurde bereits im 3. Jahrtausend angelegt, bis ins 3. Jahrhundert u. Z. benutzt und führt noch heute Wasser. Zwei, vielleicht sogar drei (vgl. S. 92) der wichtigsten Götter von Wilusa wurden somit archäologisch in Troia nachgewiesen.

dritten Burgmauer aus noch größeren Quadern, die 100 Jahre später in Angriff genommen wurde. Die Neigung war noch stärker und die Dicke von fünf Metern war nun wirklich imposant. Vor allem aber war sie erdbebensicher: Obwohl Troia in einem von Erdbeben besonders häufig heimgesuchten Streifen liegt, hat sie die Jahrtausende überdauert. Zu verdanken ist das der sogenannten Undulationstechnik, bei der die Steinlagen in Wellenlinien ausgerichtet sind, so daß sich ein Druck jeweils zur tiefsten Stelle eines Abschnitts aufbaut, der ein Verrutschen verhindert. Im Süden der Burg, wo die Mauer auf eher ebenem Grund stand, sind die Wellenlinien nicht so stark ausgeprägt. Hier wurde die Festigkeit

Im Nordwesten des Burgbergs, an der höchsten Stelle des untersten Terrassenrings, stand direkt an der Festungsmauer der Palast VI A. Noch heute hat man von hier oben einen phantastischen Blick auf die Flußebene und das Meer. Es handelte sich wieder um einen Megaron-Bau, mit ganz ähnlichem Grundriß wie schon das Hauptmegaron von Troia II. Hier wurde die offene Vorhalle aber mit leicht vorgezogenen Mauerstücken und zwei hölzernen Säulen an der Stirnseite abgeschlossen.
Davor führte eine kleine Rampe hinunter auf einen größeren Platz, an dem ein Burgtor lag und auf den die Ringstraße entlang der Burgmauer mündete. Welche Funktion der Bau hatte, ist nicht

bekannt. In seinem Inneren wurden die Scherben von mykenischen, also besonders kostbaren Gefäßen gefunden. Vielleicht handelte es sich um einen Kultbau, vor dem oder zu dem Prozessionen stattfanden – die exponierte Lage zum Platz hin läßt das möglich erscheinen. Es kann aber auch ein herrschaftliches Wohnhaus gewesen sein. Nach 1300, zur Zeit von Troia VIIa, wurde an seiner Stelle ein noch größerer Bau mit mehreren Räumen errichtet, in dessen Boden zahllose Vorratsgefäße eingelassen wurden. Die lange, etwas höhere Mauer, die auf dem Foto in der Mitte zu sehen ist, war die Mittelwand des VIIa-Baus.

durch polygone, sehr sorgfältig geschnittene Steine erreicht, die ineinander verhakt sind (ein Prinzip, das auch bei den Palästen angewandt wurde, vgl. Abb. S. 80).

Alle drei Burgmauern hatten eines gemeinsam: sogenannte Sägezahnkanten, das heißt vertikale, um 15 bis 30 Zentimeter vorspringende Kanten, die alle acht bis neun Meter bei der Glättung der Steine herausgearbeitet wurden. Eine ungeheure Leistung, wenn man bedenkt, daß dafür nur Werkzeuge aus Bronze zur Verfügung standen. Die Sägezahnkanten hatten nicht nur einen ästhetischen Aspekt – sie ließen die Mauer erheblich trutziger und länger wirken als eine glatte, ungegliederte Fläche –, sondern auch eine bautechnische Funktion: An diesen Stellen machte die Mauer häufig einen leichten Knick, so daß allmählich eine Rundung entstand.

Eine für Troia VI wie VIIa charakteristische Keramikart war die dunkle, auf der Töpferscheibe hergestellte »grauminysche Ware« (benannt nach ihrer Ähnlichkeit mit Keramik im »minyschen« Orchomenos und heute zutreffender auch als »Anatolische Grauware« bezeichnet). Die glänzende graue Farbe wurde durch ein sauerstoffreduzierendes Brennen erreicht und sollte Metall imitieren. Typisch bei dieser Schale, die ursprünglich zwei Henkel hatte, ist auch der Knick in der Wand.

Die geböschten Steinmauern bildeten nur den unteren Abschnitt, darüber erhob sich jeweils noch ein rund vier Meter hoher, senkrechter Aufbau. In der letzten Phase von Troia VI waren die Mauern damit insgesamt gut zehn Meter hoch. In den meisten Fällen bestand der Aufbau aus Lehmziegeln, denen ein Kastenwerk aus Holzbalken zusätzliche Stabilität verlieh. Den oberen Abschluß bildete eine Brustwehr, hinter der ein breiter Wehrgang rund um die Burg verlief. Für die Verteidiger hier oben hatte die Böschung einen zusätzlichen Vorteil: Es gab keinen toten Winkel am Fuß der Mauer, in dessen Deckung sich Angreifer hätten heranschleichen können.

Im Nordosten, über der Flußebene, erhob sich eine mächtige Bastion, die kunstvoll an den steilen Abhang gebaut worden war (Abb. S. 88). In ihrem Inneren befand sich ein großer, über zehn Meter tief in den Felsen geschlagener artesischer Brunnen, der die Burg und Teile der Unterstadt mit Wasser versorgte.

Den Zugang zur Burg ermöglichten vier Haupttore. Verteidigungstechnisch am ausgeklügeltsten war das Osttor mit seinen überlappenden Mauern (Abb. S. 66). An der Westseite gab es zwei Tore, die ähnlich konstruiert waren und in unterschiedliche Bereiche der Burg führten.

Optisch beeindruckte das Südtor (Abb. S. 58) am meisten. Sein Durchlaß war 3,25 Meter breit, und an seiner linken Seite erhob sich ein mächtiger Turm. Zunächst hatte man an dieser Stelle nur die Mauer ein Stück weit vorgezogen. Erst später – nach 1300 und wohl zur selben Zeit, als der 50 Meter entfernte Ostturm (Abb. S. 74) errichtet wurde – paßte man den neuen Turm ein. Offensichtlich waren Türme in Mode gekommen.

Vor dem Südturm standen große Steinstelen: Sie verkörperten die Schutzgötter der Burg, und jeder, der die Burg hier betrat oder verließ, brachte ihnen Opfer dar. Auf der rechten Torseite, parallel zur Mauer und genau in der Fluchtlinie des Turms, stand ein langes schmales Megaron. In seinem Inneren wurden mehrere Feuerstellen und zahlreiche Tierknochen, aber kaum Hausrat gefunden. Vielleicht handelte es sich um ein Heiligtum für Brandopfer, denn auch vor ihm standen Stelen. Eine davon war ein »Näpfchenstein«: Durch das Aufbringen von Salb-Ölen waren im Lauf der

An der Ostseite des Burgbergs ist die bronzezeitliche Festungsmauer besonders gut erhalten, und man erkennt deutlich die charakteristischen Sägezahnkanten, die sie gliederten. Eher schlicht wirkt das Osttor dahinter, aber verteidigungstechnisch war es am raffiniertesten. Der Durchgang war nicht verschlossen, sondern mündete in einen offenen Vorhof, der von der Burgmauer und einem überlappenden Mauerstück gebildet wurde. Das ist eine Bauweise, die in Anatolien zu jener Zeit häufig anzutreffen war. Feinde, die durch das Osttor in die Burg eindringen wollten, konnten in dem nur zwei Meter breiten, fünf Meter langen Zwinger von den Wehrgängen auf den Mauerkronen von allen Seiten angegriffen werden. Und dabei waren die Verteidiger im Vorteil, denn in den engen Gang konnten jeweils nur wenige Feinde eindringen, auf die dann eine

Übermacht oben auf der Mauer wartete. Das eigentliche, zweiflügelige Holztor lag erst hinter einer scharfen Biegung, und der Raum davor war so knapp, daß kein Rammbock gegen das Tor eingesetzt werden konnte. Diese Anlage ist ein beeindruckendes Beispiel, warum die Mauern von Troia als uneinnehmbar galten. In der Zeit von Troia VIIa wurde der Zwinger noch um mindestens 18 Meter verlängert. Das wirkte zwar imposanter, aber nun verlegten die Troianer das eigentliche Tor an die Stelle des alten Durchgangs und riskierten damit, daß dieses Holztor viel leichter mit einem Rammbock aufgesprengt werden konnte. Ein »Näpfchenstein« rechts am Durchlaß zeugt von Salb-Opfern, die den Schutzgöttern dargebracht wurden: Mindestens acht kleine Vertiefungen finden sich hier auf einem einzigen Quader.

Zeit deutliche Vertiefungen entstanden. Steine mit ähnlichen Näpfchen wurden auch an den anderen Toren gefunden.

Ohne Frage diente das Südtor hauptsächlich Repräsentationszwecken: Sonderlich gut geschützt war es durch den Turm und das schmale Megaron mit seinen dünnen Wänden nicht; da war das Osttor weitaus effektiver. Aber Verteidigung war an dieser Stelle auch nicht vordringlich, denn das Tor stand mitten in der Unterstadt, und deren Befestigung verlief viel weiter südlich.

Wenn hochrangige Gäste, etwa Abgesandte des hethitischen Großkönigs oder eines benachbarten Königreichs, zum troianischen Herrscher kamen, wurden sie sicher durch das Südtor in die Burg geleitet. Nach den Dankopfern für eine glückliche Reise und den Salb-Opfern an den Stelen schritten sie durch das breite Tor und gingen über die mit Steinplatten gepflasterte Straße hinauf zum Zentrum der Burg. Möglicherweise fuhren sie sogar, denn dafür waren Tor und Straße breit genug, und die sanfte Steigung wäre auch kein Hindernis gewesen.

Die Bebauung des Burgbergs war konzentrisch auf den höchsten Punkt ausgerichtet. Die verschiedenen, zum Teil mehrstöckigen Paläste standen auf ansteigenden Terrassenringen, die durch breite sternförmige Straßen und Ringstraßen gegliedert waren – ein Schema, das ein wenig an barocke Planungen erinnert. Um die

Bereits zur Zeit von Troia VI-Mitte (1570–1470) bestanden Handelskontakte zu Mykene. Hier wie andernorts wurde der mykenische Stil in der Spätbronzezeit bei der Keramik modebestimmend und vielfach imitiert – teilweise so gut, daß erst moderne naturwissenschaftliche Analysen ergaben, daß nur ein kleiner Teil der »mykenischen« Gefäße tatsächlich vom griechischen Festland kam.

Trutzigkeit zu unterstreichen, hatten Troias Baumeister zu zwei erstaunlichen architektonischen Tricks gegriffen: Die der Befestigungsmauer zugewandte Palastmauer war jeweils erheblich dicker als die übrigen drei, und die Gebäude hatten einen trapezförmigen Grundriß, sie verjüngten sich kaum wahrnehmbar zum Zentrum der Burg hin. Das hatte nicht nur zur Folge, daß die Radialstraßen gleichmäßig breit angelegt werden konnten, sondern auch, daß die freistehenden Paläste noch größer wirkten. Mindestens vier wiesen zudem die typischen Sägezahnkanten auf, allerdings in kürzeren Abständen als die Festungsmauer.

Die Hauptstraße zum Burgzentrum begann am Südtor. Zuerst überquerte man eine breite Ringstraße direkt innerhalb der Befestigungsmauern, danach passierte man mindestens zwei oder drei Terrassen mit Palästen und weiteren Straßen, bevor man die oberste Terrasse erreichte, auf der sich wahrscheinlich der Haupttempel sowie die eigentlichen Herrscher- und Regierungsgebäude befanden.

Um was für Bauten es sich genau handelte, wie sie angeordnet waren oder ob sie noch einmal auf unterschiedlichen Terrassen standen, ist nicht mehr auszumachen, denn das gesamte Zentrum wurde im 4. Jahrhundert v. u. Z. beim Bau eines Tempels gekappt, der Athena geweiht war. Dabei wurden alle Bauwerke und auch die Archive, die sich darin befunden haben könnten, restlos zerstört. Allein der unterste Terrassenring, der Ansatz des zweiten und zwei Mauern des dritten sind noch erhalten. Obwohl es nur zum äußeren Ring gehörte, ermöglicht das »Haus VI M« (Abb. S. 70) eine Vorstellung, wie prächtig die Paläste von Troia VI gewesen sein müssen. Es war das größte Gebäude auf der unteren Terrasse. Insgesamt standen auf diesem Ring mindestens elf, vielleicht sogar fünfzehn Paläste.

Die Burg erfüllte bestens den Zweck, die Macht der Stadt optisch eindrucksvoll zu demonstrieren. So mancher fremde Abgesandte dürfte sich auf dem Weg zum Herrschersitz eher klein und schwach gefühlt und zu Hause dann seinen Fürsten davor gewarnt haben, sich Troia zum Feind zu machen.

Der größte und am besten erhaltene Bau auf dem unteren Terrassenring ist der Palast VI M. Seine parallel zur Burgmauer verlaufende, geböschte Stützmauer ist durch vier Sägezahnkanten gegliedert und 27 Meter lang. Sie besteht aus großen behauenen Blöcken, die ohne Mörtel aneinandergefügt sind. Darüber erhoben sich ein aus kleineren Steinen gebautes Geschoß, das nach Norden hin ebenerdig war, und ein Hauptgeschoß aus Lehmziegeln. Dessen Fenster waren zwischen durchgehenden horizontalen Holzbalken eingelassen. Das Dach war – wie wohl bei allen Troia-VI-Gebäuden – flach mit einer leichten Neigung, so daß Regenwasser abfließen konnte.

Bemerkenswert ist der Grundriß des Palasts. Er ist, im Gegensatz zu dem der anderen Bauten, die rechteckig waren und meist nur einen Hauptraum hatten, L-förmig. Die Ostseite nahm ein über 70 Quadratmeter großer, langgestreckter Saal ein, der auf

das Burgzentrum ausgerichtet war. An der Straßenseite schlossen sich im rechten Winkel zwei kleinere, eher quadratische Räume an, von denen jeder immer noch fast 40 Quadratmeter Innenfläche besaß.

Betreten wurde der Palast auf der Hangseite über einen Hof zwischen den beiden L-Schenkeln. An dessen Nordseite führte eine Steintreppe (von der noch sechs Stufen erhalten sind) auf die nächste Terrasse und zum Lehmziegelgeschoß. Die Anordnung der Räume läßt darauf schließen, daß es sich um ein Wohngebäude handelte. Im Erdgeschoß befanden sich die Wirtschafts- und Vorratsräume (unter dem großen Saal wurden mehrere Pithoi gefunden), der eigentliche Wohnbereich lag im oberen Stock.

In Troia VIIa wurde der Palast durch einen Anbau an der Westseite erweitert (unten links auf dem Foto), und auch zur Zeit von Troia VIIb wurde er noch genutzt.

Die geschäftige Unterstadt

Heinrich Schliemann, sein Mitarbeiter und unmittelbarer Nachfolger Wilhelm Dörpfeld wie auch der amerikanische Archäologe Carl W. Blegen, der vor dem Zweiten Weltkrieg in Troia grub, hatten sich bei ihren Forschungen nahezu ausschließlich auf den Bereich der Burg beschränkt und somit nur die »Hälfte« der Stadt entdeckt. Erst mit den neuen Ausgrabungen begann eine systematische Suche nach der bronzezeitlichen Unterstadt. Diese führte auch bald zum Erfolg: Troia besaß in der Tat eine Unterstadt. Und diese war befestigt. Im Lauf der späten Bronzezeit wuchs sie auf fast 270 000 Quadratmeter an.

Hier lebte und arbeitete die normale Bevölkerung, nicht nur diejenigen, die sich um die Felder, die Viehherden und die Pferdezucht kümmerten, sondern auch Händler und viele der Handwerker samt Sklaven, die die prosperierende Stadt brauchte: Streitwagen- und Ochsenkarrenbauer, Gießer, Waffenschmiede, Gold- und Bronzeschmiede, Messerschmiede, Kunsthandwerker und Steinmetze, Töpfer, Färber, Tuchwalker, Spinner und Weber für Wolle und Leinen, Schneider, Gerber, Schuster, Seiler, Holzfäller, Lehmziegelhersteller, Salbenkocher, Kellermeister, Jäger, Fischer, Bäcker, Brauer, Betreiber von Getreide- und Ölmühlen und sicher noch einige mehr. Besonders angesehene Handwerker dürften ihre Werkstätten im Burgbereich gehabt haben, wo auch die herrschaftlichen Magazine und Vorratslager standen und vielleicht – als Angehörige des Hofs – auch Sänger, Boten, Gesandte, Herolde und Schreiber, Baumeister und eventuell sogar Ärzte lebten. Sicher zur Herrscherschicht gehörten die Verwalter, die Priester und Wahrsager sowie die Offiziere und ihre Familien.

Auch wenn sie nicht so eindrucksvoll waren wie die Paläste der Burg, klein oder ärmlich waren die Häuser der Unterstadt nicht. An einem Viertel in der Mitte der Unterstadt läßt sich das zunehmende Wachstum gut ablesen. Zu Beginn von Troia VI gab es hier noch Hütten aus einfachem Material und einen Dreschplatz: Das Gebiet lag also am Rand der Stadt. Später ließen Handwerker mit Stein gepflasterte Höfe, Öfen und Abfallgruben mit Metallschlacken und den zerstoßenen Schalen von Purpurschnecken als

Spuren ihrer Tätigkeit zurück: Am ehemals landwirtschaftlich genutzten Stadtrand war ein »Gewerbegebiet« entstanden. Am Ende von Troia VI und in Troia VIIa standen hier schließlich Wohnhäuser mit Steinfundamenten und Lehmziegelaufbauten: Der Stadtrand mit Handwerkern und Bauern lag nun viel weiter draußen.

Leider wird es nicht möglich sein, je einen vollkommen exakten Plan dieser Unterstadt zu zeichnen, denn zum einen sind von den Holzhäusern wenig mehr als die Pfostenlöcher übrig geblieben und die Fundamente der Häuser aus Stein und Lehm im Süden dem Steinraub zum Opfer gefallen; zum anderen liegen darüber wichtige Gebäude aus hellenistischer und römischer Zeit. So wurde beispielsweise an einer Stelle ein wunderschönes römisches Mosaik gefunden – was zur Folge hat, daß hier nicht mehr weiter nach Resten von Troia VI oder VII geforscht werden kann. Trotzdem kann man die Ausdehnung und Grenzen der Unterstadt ebenso wie zahlreiche Details des Stadtbilds mit einiger Sicherheit rekonstruieren.

Je dichter sie an der Burg lagen, desto reicher waren die Viertel. Direkt an der Burgmauer standen ziemlich große Häuser mit hohen Steinfundamenten und Lehmziegelaufbau, die Fußböden aus

Ihre Vorräte bewahrten die Troianer in riesigen Tongefäßen (Pithoi, Einzahl Pithos) auf. Sie wurden mit Steinplatten verschlossen, liefen unten spitz zu und waren bis dicht unter den Rand in die Erde eingelassen, um die Lebensmittel so kühl wie möglich zu lagern. Besonders viele Pithoi wurden aus der Zeit von Troia VIIa gefunden: Im Burgbereich wie in der Unterstadt im Nordwesten standen sie häufig dicht an dicht.

In späterer Zeit, wahrscheinlich zu Beginn der Phase Troia VIIa (nach 1300 v. u. Z.), wurde knapp 30 Meter vom Osttor entfernt zusätzlich ein massiver Turm an die Festungsmauer gebaut. Der gerade, über zehn Meter breite, rechteckige Turm gehörte nicht zur ursprünglichen Planung, sondern wurde einfach vor die geböschte

Stein oder Estrich hatten. Besonders interessant ist das Nordwestviertel der Stadt. In der Bronzezeit erstreckte sich hier ein kleines Tal hinunter zur Skamander-Ebene. Von einem (noch nicht gefundenen) Tor in der Stadtmauer führte eine breite, mit großen Steinen gepflasterte Straße (Abb. S. 106) direkt zum Südwesttor der Burg. Die Steinhäuser waren ziemlich massiv, manche könnten sogar zweistöckig gewesen sein (Abb. S. 99–103). Dazu gab es Gassen, Brunnenplätze, Wege und Höfe zwischen den Häusern. Im Süden lag möglicherweise ein ähnlich bedeutendes Stadtviertel.

Trotz einiger Unterschiede waren in Troia VI und VIIa die Unterstadtbewohner überall vergleichsweise wohlhabend. Dank ihrer großen Schafherden war die Stadt, wie die in Unmengen gefundenen Spinnwirtel belegen, mit Sicherheit ein Zentrum für Wolle, Tuche und Leder, wahrscheinlich sogar für fertige Textilien. Auch die Bronzeverarbeitung spielte nach wie vor eine wichtige Rolle.

Burgmauer gesetzt. Er war weit über zehn Meter hoch und hatte keinen ebenerdigen Eingang. Zu erreichen war er nur über den Wehrgang auf der Mauerkrone. Deutlich zu erkennen sind an der rechten Seite die Wellenlinien (Undulation), die sowohl die Statik als auch die Erdbebenfestigkeit verbesserten.

Und vielleicht auch die Pferdezucht, die mittlerweile militärische Bedeutung hatte.

In welchem Umfang man am Umschlagplatz Troia eigens für den Export produzierte, ist nicht ganz klar. Es wurden zwar bis hinunter zur Levante troianische Gefäße gefunden, aber ihre Anzahl ist zu gering, als daß man von einem Keramikhandel in größerem Stil sprechen könnte. Bedeutender war wohl der Export von Bronzegegenständen (die sich seltener nachweisen lassen, weil die kostbaren Metalle immer wieder eingeschmolzen und neu verarbeitet wurden) sowie von Textilerzeugnissen und Pferden.

Wichtige Fleischlieferanten waren Pferde und Esel nicht, obwohl auch sie gegessen wurden. Bei der Ernährung dominierten Rinder, Schafe, Ziegen und Schweine sowie Damhirsch. Fische spielten trotz der Nähe zum Meer keine große Rolle; auffallend ist jedoch, daß vor allem Überreste besonders wohlschmeckender

Direkt hinter dem Südtor lag das sogenannte Pfeilerhaus. Seinen Namen verdankt es zwei großen Säulen im Innern des etwa 27 mal 12,5 Meter großen Baus. Säulen gab es zwar in vielen Palästen von Troia VI, aber diese beiden waren nicht wie sonst aus Holz und rund, sondern quadratisch und aus akkurat behauenen Steinblöcken errichtet. Sie hatten eine Kantenlänge von gut einem Meter an der Basis und verjüngten sich nach oben leicht unregelmäßig in einem Winkel von rund 5°. Der am besten erhaltene der beiden Pfeiler hat heute noch drei Schichten aus je zwei Steinblöcken, die abwechselnd längs und quer aufgeschichtet sind, und ist 1,70 Meter hoch. Ursprünglich reichte er bis zur Decke.
Um die Quader zu fixieren, waren sie miteinander verdübelt. Hier benutzten die troianischen Baumeister eine Technik, die in diesem Teil der Welt erst rund 1000 Jahre später üblich wurde. Unbekannt war sie in der Bronzezeit jedoch nicht: In der

hethitischen Hauptstadt Hattusa hat das Königstor gleichfalls verdübelte Steine. Allerdings benutzten die Hethiter Bronzezapfen, während die Troianer Holzkeile nahmen.
Die Pfeiler trugen die Decke des großen Saals in der Mitte, an den Schmalseiten waren kleinere Räume abgetrennt. Der Haupteingang war eine Doppeltür in der Nordwand, zu der drei Steinstufen führten. Den Funden zufolge hatte das Pfeilerhaus militärische wie zivile Funktionen. Zum einen wurden Schleuderkugeln aus Ton entdeckt, die vermutlich als Nachschub für die Verteidigung des Südtors hier gelagert wurden, zum andern gab es große Mengen von Spinnwirteln und Webstuhlgewichten – das Gebäude diente also vor allem als Spinnerei und Weberei der Burg. Mindestens in der letzten Phase von Troia VI war es zudem bewohnt und mit einem Kuppelofen ausgestattet.

Arten gefunden wurden, das Meeres- und Flußgetier also hauptsächlich für Abwechslung im Speiseplan sorgte.

Auf dem Höhepunkt seiner Macht präsentierte sich das spätbronzezeitliche Troia als lebhafte Stadt mit internationalen Kontakten, die von einer imposanten Burg beherrscht wurde und sich ihrer Bedeutung in der damaligen Welt bewußt war. In den Gassen der Unterstadt dürfte ein reges Treiben von Händlern, Handwerkern, Bauern aus dem Umland und Besuchern aus ferneren Gegenden, die hier ihr Glück machen wollten, geherrscht haben. Gewiß hat man dabei mehr als nur eine Sprache hören können.

Gegen unerwünschte Ankömmlinge war die Unterstadt gut gewappnet, denn sie verfügte über eine ebenso schlichte wie raffinierte Verteidigungsanlage. Ihr innerer Teil war zumindest ein Wall, wahrscheinlicher aber eine Stadtmauer aus Lehmziegeln auf einem Steinfundament. Parallel dazu verlief ein Graben (Abb. S. 94), der nach einer Stadterweiterung um 1300 rund zwei Kilometer lang war. Mit ihm sollte eine neue, schnelle Waffe gestoppt werden – der von Pferden gezogene Streitwagen, der mittlerweile zu einem der wichtigsten und furchtbarsten Instrumente bronzezeitlicher Kriegführung geworden war. Hätte man die Gespanne zu dicht an die eigentliche Befestigung herankommen lassen, hätten Krieger auf Streitwagen bei der Belagerung einer Stadt wie Troia die Verteidiger bis zur Erschöpfung von einer Stelle zur nächsten hetzen können und dann leichtes Spiel gehabt, und Bogenschützen auf den Wagen hätten schnell weit in die Stadt hineinschießen können. So aber wurden sie auf Distanz gehalten. Und Kämpfer, die zu Fuß gegen die Stadt vorgehen wollten, mußten erst einmal den Graben überwinden – mit einer schweren Rüstung kein leichtes Unterfangen, zumal wenn man dabei den Pfeilschüssen und Schleudersteinen der Verteidiger ausgesetzt war. Wer es trotzdem schaffte, hatte mit der Stadtmauer das nächste Hindernis vor sich. Und selbst wer das nahm, war noch lange nicht am Ziel. Nun folgten die Gassen der Unterstadt, die zum einen sicher energisch verteidigt wurden und zum anderen für ein Vordringen größerer Verbände zu eng waren. Bis Angreifer überhaupt an das massivste und schwierigste Hindernis, die Festungsmauer der Burg, vorgedrungen wären, dürften sie schon ziemlich abgekämpft gewesen sein.

Rekonstruktion eines Kuppelofens im Hof eines Wohnhauses in der nordwestlichen Unterstadt von Troia VI. Dieser in Anatolien und auf dem Balkan verbreitete Ofentyp war seit 2200 in Troia heimisch und erweiterte das kulinarische Spektrum deutlich. Zudem war er weitaus sicherer als die vorher üblichen offenen Feuerstellen, die gewiß für manchen Brand verantwortlich waren.

Troia war nicht allein durch die Burgmauer und die Verteidigungsanlage der Unterstadt geschützt, sondern wurde wahrscheinlich an wichtigen Zugangswegen schon weit vor der Stadt zusätzlich abgesichert. So stand beispielsweise auf einem steilen Hügel oberhalb des Ägäishafens ein Fort; kein Schiff konnte sich den Dardanellen von Süden oder Westen nähern, ohne von dort aus entdeckt zu werden. Weitere drei Festungen flankierten die Ebene der Troas im Süden, und es ist anzunehmen, daß auch im Norden sowie auf der gegenüberliegenden Seite der Dardanellen alle strategisch günstigen Punkte auf diese Weise gesichert waren.

Die drei bekannten Zitadellen im Süden bildeten nicht die Grenze des troianischen Einflußgebiets, sondern waren die Schnittstelle zwischen der Ebene und dem mittleren Skamandertal. Von dort dürften die Versorgungsgüter für die Stadt gekommen sein. Die Fel-

Wenn man die Burg durch das Osttor betrat, kam man zu einem langgezogenen Platz, der links von der Festungsmauer und rechts von den Palästen VI E und VI F begrenzt wurde.
Das Eckgebäude VI E war mit einem Innenraum von 68 Quadratmetern zwar einer der kleineren Paläste, aber seine Fassade gehört zu den beeindruckendsten. Die Steine der mörtellosen Außenmauer sind extrem sorgfältig behauen und geglättet, und die Fugen sind so dünn, daß kaum ein Haar dazwischenpaßt – und das, obwohl die harten Kalksteine ziemlich unterschiedlich geformt sind. An vielen Stellen sind sie wie Puzzlestücke, manche in L-Form, ineinandergepaßt, und auch »Anti-Erdbebenwellen« sind eingearbeitet. Die Eckblöcke sind bis zu dreimal größer als jene im mittleren Bereich der Mauer, deshalb mußten hier besonders kunstvolle Übergänge geschaffen werden. Ähnliche Verzahnungen von Quadern gibt es übrigens auch in Hattusa.

Der angrenzende Palast VI F hat eine etwas weiter vorspringende Sägezahnmauer, die fast doppelt so dick ist wie die übrigen drei Wände. Er wurde vor 1470 v. u. Z. erbaut und nach einem Brand am Ende des 15. Jahrhunderts umgestaltet. Zuerst trugen nur zwei Säulen die Decke des einzigen, 98 Quadratmeter großen Innenraums, danach waren es zwei Reihen mit je fünf runden, aus Baumstämmen zugeschnittenen Holzsäulen, die auf flachen Steinbasen standen und den Raum ähnlich wie bei einer dreischiffigen Basilika gliederten. In der Rückwand sind noch heute die Aussparungen für die Deckenbalken zu erkennen.
Die ersten Bewohner dieses Palasts waren ziemlich reich: Bei dem Feuer gingen mindestens zwanzig importierte mykenische Gefäße zu Bruch. Offenbar brannte es nicht nur, sondern gab es auch irgendeine Auseinandersetzung, denn ein Teil der Krüge war hinaus auf den Platz geworfen worden.

der und Weiden in der Ebene um Troia waren viel zu exponiert und auch zu wenige, um eine Dauerversorgung der ständig anwachsenden Bevölkerung garantieren zu können. Zudem war die Ebene wegen ihrer Sümpfe für Pferde- und Schafzucht im größeren Stil nicht geeignet, weil dort zu schnell Krankheiten grassierten. Auf Koppeln in unmittelbarer Nähe der Stadt hielt man wahrscheinlich immer nur einen Teil der Herden, während die eigentlichen Anbaugebiete und die großen Weiden am mittleren Skamander lagen. Auch in diesem Fall waren die Troianer wieder einmal von der Natur mehr als begünstigt: Das Tal ist dort an beiden Seiten von Bergen eingeschlossen, an seiner Sohle (zwischen den heutigen Städten Bayramiç und Ezine) aber ziemlich breit und fruchtbar. Doch kurz vor der Ebene verengt sich das Skamandertal zu einer Schlucht, die leicht mit diesen drei Burgen rechts und links vom Fluß abgeriegelt werden konnte. Die Festungen rund um Troia sicherten nicht nur die Wege in die Ebene, sondern waren wohl auch Fluchtburgen für die Landbevölkerung. Und noch eine dritte Funktion dürften sie gehabt haben: die einer Sammelstelle für Truppen aus anderen Orten, die bei einem Angriff auf die Stadt von hier aus den Gegnern hervorragend in den Rücken fallen konnten. Solche Truppen kamen bei einer größeren Auseinandersetzung nicht nur aus Gebieten, die unmittelbar unter troianischer Oberhoheit standen, sondern auch aus verbündeten Städten. Derartige Bündnisse sind mehrfach in historischen Quellen belegt – und auch, daß dabei die Freundes- und Feindesrollen sehr schnell wechseln konnten und sich immer wieder neue Gruppierungen bildeten. Sicher haben auch die Troianer versucht, starke Bündnispartner zu gewinnen, denn allein mit eigenen Leuten konnte selbst eine so gut befestigte Stadt wie Troia nicht über viele Wochen hinweg verteidigt werden.

Zwischen Hethitern und Mykenern

1628 v. u. Z. kam es in der Ägäis zu einer gewaltigen Naturkatastrophe: Der Vulkan Thera explodierte, und der größte Teil der Insel – heute Santorin – versank in einem riesigen Krater. Doch die Auswirkungen auf das benachbarte Kreta und die minoische Kultur waren längst nicht so verheerend, wie man lange angenommen hatte (abgesehen natürlich von der Zerstörung blühender Siedlungen auf Thera selbst). Die große Flutwelle, die die minoische Flotte vernichtet haben sollte, gab es nach neueren Erkenntnissen offenbar nicht. Einige Wissenschaftler vermuten, daß bestimmte Landstriche von dem Ausbruch sogar profitierten, weil die Asche in der Atmosphäre zu mehr Wolken und Regen und somit besseren Ernten führte.

Das gesamte 17. Jahrhundert über blieben die Minoer die führende Macht der Ägäis, und im 16. gab es bis nach Ephesos minoische Niederlassungen. Dann waren die Tage des minoischen Reichs gezählt. Auf dem griechischen Festland erstarkten die Mykener, deren Hochkultur von zahlreichen minoischen Elementen geprägt war. Spätestens ab 1500 wurden sie zu ernstzunehmenden Handelskonkurrenten der Minoer: Von da an tauchte vermehrt mykenische Keramik an der Westküste Kleinasiens und auf den ihr vorgelagerten Inseln auf.

Um die Mitte des 15. Jahrhunderts waren die Mykener so mächtig geworden, daß sie sich die Zentren ihrer einstigen Lehrmeister unterwerfen konnten: Kretische Paläste wie Knossos und auch minoische Handelsniederlassungen gehörten von da an zum mykenischen Einflußgebiet. Nicht nur die Handelswege wurden übernommen und ausgebaut, sondern auch die diplomatischen Kontakte zu Ägypten: So ließ ein mykenischer Herrscher dem Pharao Thutmosis III. in dessen 42. Regierungsjahr (ca. 1437) ein kostbares Silbergeschirr überbringen.

In der ersten Hälfte des 14. Jahrhunderts kam es zu einer zweiten Welle mykenischer Kolonisierung, so daß schließlich das gesamte Gebiet vom griechischen Festland über die Kykladen bis hinunter nach Rhodos mykenisch war. Auch Milet wurde mykenisch, Ephesos dagegen zur Hauptstadt von Arzawa, einem anatolischen Reich. Gleichzeitig entstanden auf dem griechischen Festland große Palastzentren, unter anderem in Pylos, Tiryns, Athen und Theben.

Bislang war die Wissenschaft davon ausgegangen, daß Mykene das mächtigste dieser miteinander verbündeten Königtümer war und sein Herrscher eine Sonderstellung als eine Art »Oberkönig«

Das Löwentor in Mykene (oben): Selbst wenn, wie neue Forschungen nahelegen, der mächtigste Achäerkönig in Theben (Böotien) residierte, steht es außer Frage, daß auch Mykene selbst ein bedeutendes Zentrum war; die reichen Grabbeigaben aus Gold und die anspruchsvolle Architektur legen davon ein eindeutiges Zeugnis ab.

Auch in der hethitischen Hauptstadt Hattusa (rechts) schmückten Löwen eines der Haupttore. Sie wurden als Halbplastiken aus den Laibungsblöcken herausgearbeitet und weisen aufwendige, in den Stein geschnittene Verzierungen auf. In Troia wurden zwar keine Löwenskulpturen gefunden, aber an mehreren Stellen Reste von Löwenknochen.

innehatte, der die anderen nach außen vertrat. Doch zumindest im 13. Jahrhundert, in dem die mykenische Macht den Zenit erreichte und ihre Kontakte sich bis nach Süditalien erstreckten, war dieses Oberzentrum neueren Schriftfunden zufolge anscheinend nicht Mykene, sondern Theben. Wenn hier von »mykenisch« gesprochen wird, ist also immer die gesamte Kultur der frühen Griechen gemeint, nicht nur der eine Ort.

Im Inneren Anatoliens waren parallel dazu die Hethiter zur wichtigsten Macht aufgestiegen. Über ihr Großreich, das sie von der Hauptstadt Hattusa (gut 150 Kilometer östlich vom heutigen Ankara; Abb. oben) aus regierten, ist wesentlich mehr bekannt, weil sie eine veritable Geschichtsschreibung besaßen und zudem zahllose Briefe und andere Dokumente überliefert sind. Sie lebten in mehrerlei Hinsicht im modernsten Staat der Bronzezeit, hatten eine Gesetzgebung, die auf Wiedergutmachung statt auf Vergeltung abzielte, kannten bereits so etwas wie eine schriftlich fixierte Verfassung, eine beispiellose Gleichstellung der Frauen, und sie übten Toleranz gegenüber fremden Göttern, um nur einige Punkte zu nennen. Zudem schafften sie als erste die Todesstrafe ab und beherrschten vermutlich ebenfalls als erste die komplizierte Eisenherstellung. Vor allem aber setzten die Hethiter weniger als bei anderen Mächten üblich auf Kriege und Überfälle, sondern vielmehr auf Diplomatie und Bündnisse inklusive einer geschickten Heiratsdiplomatie – obwohl sie, falls nötig, über die am meisten gefürchtete Armee der damaligen Welt verfügten.

1274 trafen bei Kadesch in Nordsyrien die Heere der Hethiter und der Ägypter aufeinander. Da der ägyptische Pharao Ramses II. auf eine Kriegslist hereingefallen war, konnte der hethitische Großkönig Muwattalli allein mit seinen Streitwagen (3500 an der Zahl, von denen nur 1000 zum Einsatz kamen) die Ägypter aufreiben und ihnen eine entscheidende Niederlage zufügen. Der Pharao selbst entging nur knapp der Gefangennahme. Doch schlugen die Hethiter aus ihrem Sieg kein Kapital, sondern schlossen mit den Ägyptern den ersten bekannten bilateralen Friedensvertrag der Welt ab. Im Spätherbst 1259 wurde er feierlich überreicht und sorgte jahrzehntelang für Wohlstand und Stabilität in der Region.

Allerdings stellte Ramses zu Hause die Ereignisse ein wenig anders dar und ließ die Geschichte eines grandiosen Sieges in die Tempelmauern meißeln (und da viele Ägyptologen diese Propaganda für bare Münze nahmen, geistert noch heute die Mär eines großen ägyptischen Sieges über die barbarischen Hethiter durch die Geschichtsbücher). Interessant sind jedoch die Verbündeten der Hethiter, die der Pharao auflisten ließ. Da stehen zwei Namen, die im Zusammenhang mit Troia von unmittelbarem Interesse sind: Arzawa und Dardaner.

Troia war Wilusa

»Dardaner« lautete eine der Bezeichnungen für die Troianer in der *Ilias*. Hatte man eine Spur zu einem historischen Kern der *Ilias* gefunden? Zumal in einer anderen ägyptischen Aufzählung außerdem von »Danaern« die Rede war, wie die griechischen Gegner vor Troia von Homer auch bezeichnet worden waren.

Solange man die *Ilias* als reine Fiktion angesehen hatte, war das kaum ein Thema gewesen, aber nachdem Schliemann Troia und Mykene ausgegraben und seine Goldfunde kurzerhand Priamos und Agamemnon zugeschrieben hatte, wurden solche Fragen gestellt. Und natürlich wurden sie von anderen alsbald wieder verworfen (vor allem, weil sich schnell herausstellte, daß zumindest Schliemanns Priamos-Zuordnung Unsinn war).

Dann erklärte 1924, nachdem die Hauptstadt der Hethiter entdeckt worden war und man auch ihre Sprache allmählich entschlüsselte, der junge Schweizer Altorientalist Emil Forrer, er habe in den hethitischen Texten griechische Namen entdeckt: Das dort mehrfach erwähnte Land Ahhijawa (das »hh« ist wie »ch« auszusprechen), mit dessen Herrscher der Hethiterkönig korrespondierte, sei nichts anderes als das Land der Achäer (wie Homer die Troia-Angreifer auch nannte) und demzufolge auf dem griechischen Festland anzusiedeln.

Es folgte ein absurder Wissenschaftlerstreit, der Forrers vielversprechende Karriere zerstörte. Seine Überlegungen wurden als unseriös abgetan, und für Jahrzehnte galt im Hinblick auf die Beziehungen zwischen den frühen Griechen und den Hethitern ein selbstauferlegtes Denkverbot, das teilweise heute noch nachwirkt. Wann immer jemand versuchte, Ahhijawa mit »Land der Achäer« gleichzusetzen, warnten Wissenschaftler vehement vor der »Sirene des Gleichklangs«, und schon gar nicht durfte die Frage angedacht werden, ob Troia vielleicht das gleichfalls bei den Hethitern genannte Wilusa sei.

Dieses Wilusa lag den Texten zufolge relativ weit von Hattusa entfernt – was für den äußersten Nordwesten Kleinasiens zutrifft. Und im Altgriechischen schrieb man »Ilios«, den anderen Namen Troias, noch »Wilios«. Die Ähnlichkeit mit »Wilusa« ist frappierend, wurde aber im Gefolge des Streits unter Hinweis auf bestimmte Gesetzmäßigkeiten der Lautverschiebung als unwissenschaftlich abgelehnt. (Was ziemlich weltfremd war; denn wenn man sich etwa die deutschen und italienischen Ortsnamen in Südtirol ansieht, merkt man schnell, daß sich die Menschen nicht an postulierte Lautverschiebungsregeln halten, sondern mal übersetzen, mal an ihre Sprache angleichen und mal das nehmen, was sie zu hören vermeinen, wenn es zufällig einen Sinn ergibt.)

Ihr Glanzstück lieferten Troias Baumeister mit der Nordostbastion. Sie umschließt einen in ihrem Inneren gelegenen Tiefbrunnen und sicherte so die Wasserversorgung im Fall einer Belagerung. Wie eine gigantische Zacke ragte sie 18 Meter weit vor und sicherte die Ost- wie die Nordseite der Mauer. Gebaut wurde der Turm direkt auf beziehungsweise um eine steile Felsstufe, mit der der Hang an dieser Stelle um sieben Meter ansteigt. Von den ehemals 30 großen Steinlagen fehlen nur vier der äußeren Quaderschichten, die inneren sind vollständig bis zum Beginn des Lehmziegelaufbaus erhalten. Inklusive Aufbau hatte der Turm eine Höhe von mindestens 12 bis 13 Metern. Die einzelnen Steinschichten sind unterschiedlich groß und

miteinander verhakt, und auch Wellenlinien wurden wieder eingesetzt. Zudem wechseln die Neigungswinkel: Auf den ersten drei Metern sind die Mauern stärker geböscht, dann werden sie steiler, und der Lehmziegelaufbau war dann schließlich fast senkrecht. Damit war der Turm mit seinen riesigen Kalksteinquadern trotz seiner Masse sehr stabil und erdbebensicher an den Hang gesetzt. Gleichzeitig ließen ihn die immer steiler werdenden Winkel noch höher erscheinen. Auch heute noch wirkt das Bauwerk imposant, obwohl nur mehr ein kleinerer Teil der Zacke freiliegt: Die Mauer links von ihr gehört zum Fundament des römischen Tempelplateaus (Troia IX), die bequeme Treppe rechts wurde in griechischer Zeit (Troia VIII) angebaut.

Da die geographischen Angaben in den meisten hethitischen Quellen ebenso unpräzise wie kompliziert sind, wies die Landkarte des Hethiterreichs zu viele weiße Flecke auf, um das Problem zu lösen. Doch 1986 wurde in Hattusa eine Bronzetafel mit einem Vertrag ausgegraben, in dem die Grenzen eines Landes namens Tarhuntassa genau beschrieben waren. Von ganz unterschiedlichen Ausgangspunkten und unabhängig voneinander kamen drei Wissenschaftler Mitte der neunziger Jahre zu dem Schluß, daß das hethitische Millawanda mit Milet identisch ist, daß nördlich davon das Land Arzawa lag, daß folglich für Wilusa einzig die Troas in Frage kommt und für Ahhijawa nur noch auf dem griechischen Festland Platz ist.

Damit konnte auch die ziemlich unlogische Vorstellung ad acta gelegt werden, ausgerechnet zwischen Hethitern und Achäern, die beide weitreichende und vielfältige Kontakte hatten, hätte es keinerlei Verbindung gegeben. Und das bedeutet, daß die Geschichte von Troia der von Wilusa entspricht und eng mit der von Arzawa verknüpft ist, über die in den hethitischen Texten berichtet wird.

Arzawa

Die Hethiter hatten sich anfangs wenig um ihre westlichen Nachbarn gekümmert, da sie intern in ständige Thronstreitigkeiten verwickelt waren und außerdem ihre Hauptinteressen stets mehr im Süden und Osten lagen. Das änderte sich jedoch rasch, als im Westen ein neues Machtgefüge aufkam, welches ihre inneranatolische Vormachtstellung bedrohte.

Milet oder Millawanda, wie es die Hethiter nannten, war samt einem schmalen Küstenstreifen mykenisch geworden, nördlich davon hatten die luwischen Länder Arzawa, Seha und Haballa an Macht gewonnen. Um seine Überlegenheit zu zeigen, unternahm der hethitische Großkönig Tudhalija II. (1420–1400) mehrere Feldzüge gegen die letzteren drei Länder sowie einige umliegende Städte, besiegte sie und verschleppte eine große Zahl Gefangener nach Hattusa. Viel Eindruck hinterließ das offenbar nicht. Denn kaum war er zu Hause, verbündeten sich im Nordwesten Kleinasiens gleich 22 »Länder« (die meisten wohl nicht allzu groß) unter Führung des Landes Assuwa und erklärten den Krieg. Tudhalija besiegte auch sie der Reihe nach, machte reiche Beute und siedelte über 10 000 Gefangene im Hethiterreich an. Das war das Ende von Assuwa. Profitiert hat davon das Land, das in der hethitischen Liste der Kriegsgegner an vorletzter Stelle stand: Wilusija, später als Wilusa bezeichnet. Von da an war in den hethitischen Quellen nur noch von Wilusa die Rede.

Für Arzawa hatte Tudhalijas Krieg wenig Konsequenzen. Im Gegenteil: Keine 50 Jahre später entwickelte es sich zur Großmacht, gewann das Nachbarland Haballa dazu, stand in Kontakt mit dem ägyptischen Pharao und konnte sogar den Hethitern bis in ihr Kernland hinein Gebiete abnehmen.

Wahrscheinlich wurde dieser Machtzuwachs noch durch ein Bündnis mit Millawanda – also Ahhijawa – gestärkt, doch lange hatte er keinen Bestand. In Arzawa kam es zu Thronstreitigkeiten, die nun wieder die Hethiter ausnutzen konnten. Mittlerweile regierte in Hattusa Suppiluliuma I. (1355–1320), der die verlorenen Gebiete zurückeroberte und das Land der Hethiter endgültig zum Großreich machte. Zu ihm flüchtete sich der rechtmäßige Arzawa-Thronerbe Mashuiluwa. Suppiluliuma gab ihm eine seiner Töchter zur Frau, und seinem Sohn Mursili II. (1318–1290) gelang dann der entscheidende Schlag gegen Arzawa. 1316 marschierte er zunächst in Millawanda ein und brandschatzte diesen Außenposten von Ahhijawa, dann kam es am Oberlauf des Mäander zur Entscheidungsschlacht, die Mursili ebenfalls gewann. Danach konnte er die Arzawa-Hauptstadt Abasa (Ephesos) kampflos einnehmen; der unrechtmäßige Thronfolger Uhhaziti floh »übers Meer«, also nach Ahhijawa.

Mursili teilte Arzawa in die Staaten Mira und Haballa und schloß mit ihnen Vasallenverträge. (Hethitische Vasallen waren eher so etwas wie Bundesländer, die ein Stück Autonomie behielten.) Das benachbarte Seha wurde gleichfalls Vasall. Als »Arzawa-Länder« bildeten sie einen Staatenverbund, in dem Mira innenpolitisch eine gewisse Vorrangstellung hatte. Dort wurde, wie vorgesehen, Mursilis Schwager Mashuiluwa Herrscher. Der Herrscher von Seha durfte, obwohl er sich auf die Seite von Uhhaziti gestellt hatte, seinen Thron behalten, nachdem er sich Mursili tränenreich ergeben hatte.

Wilusa in Not

Wilusa war an den Arzawa-Konflikten nicht beteiligt. Es pflegte, wie wohl nach der Assuwa-Niederlage vereinbart worden war, weiterhin diplomatische Beziehungen zu Hattusa und prosperierte in seiner relativen Randlage.

Das änderte sich allerdings mit dem Auftreten eines gewissen Pijamaradu. Er war wahrscheinlich ein Enkel des nach Ahhijawa geflohenen Uhhaziti und versuchte nun – mit Unterstützung von Ahhijawa –, wieder ein Königreich im Westen Kleinasiens zu ergattern. Deshalb unternahm er mehrere militärische Überfälle auf die Arzawa-Länder und auch auf Wilusa.

Damit brachte er Alaksandu, den König von Wilusa, der sowieso innenpolitische Probleme hatte, derart in Bedrängnis, daß ihm der Herrscher von Seha zu Hilfe eilen mußte. Das war allerdings nicht von Erfolg gekrönt: Pijamaradu griff nun auch noch die zu Seha gehörende Insel Lazba (Lesbos) an und verschleppte Handwerker von dort nach Millawanda. Hattusa schickte daraufhin einen General, der zusammen mit dem König von Mira und dessen Truppen die alte Ordnung wiederherstellte. Den Herrscher von Seha kostete die Angelegenheit allerdings den Thron: Als er Krankheit vorschützte, um einem weiteren Kampf gegen Pijamaradu aus dem Weg zu gehen, mußte er zugunsten seines Sohnes abdanken.

Alaksandu behielt seinen Thron. Aber er mußte sich dem hethitischen Großkönig unterwerfen. Der entsprechende Vertrag, der Wilusa zum hethitischen Bundes- und vierten Arzawa-Land machte, wurde um 1280 zwischen Alaksandu und dem hethitischen Großkönig Muwattalli (1290–1272) geschlossen. Wie üblich wurden darin Götter als Zeugen aufgeführt; auf seiten Wilusas gehörten dazu der Wettergott des Heeres, Appaliuna und der Unterirdische Wasserlauf des Landes als wichtigste.

Diese etwa zehn Zentimeter große Bronzefigur stammt aus einem Unterstadthaus von Troia VIIa. Da der Mann die rechte Hand zur Faust geballt und die linke Hand auf die Brust gelegt hat, handelt es sich wahrscheinlich um einen Betenden. Die Darstellung des Gesichts mit großen Augen, langer gerader Nase und übergroßen Ohren folgt dem hethitischen Stil. Die Statuette gehört zu den ganz wenigen bronzezeitlichen Figurenfunden aus Troia.

Zu den Pflichten, die Wilusa in dem Vertrag auferlegt wurden, gehörte, die Hethiter bei einem eventuellen Krieg mit einem anderen Großreich mit Streitwagen und Truppen zu unterstützen. Und genau dieser Fall trat 1274 ein, als Muwattalli gegen Ramses zog und ihn bei Kadesch besiegte. Aber auch umgekehrt war Beistand vonnöten: Mindestens zweimal kam es in der zweiten Hälfte des 13. Jahrhunderts zu schweren Auseinandersetzungen in Wilusa.

Ein verlorener Krieg

Wie passen die archäologischen Befunde in Troia zu den hethitischen Texten über Wilusa?

Die aufständische Assuwa-Koalition wurde kurz nach 1420 von den Hethitern besiegt. In diese Zeit fällt ein Brand im Palast VI F (Abb. S. 80), in dessen Verlauf kostbare mykenische Gefäße zerschmettert und aus dem Haus geworfen wurden; aber es ist frag-

Der Verteidigungsgraben um die Unterstadt von Troia VI war U-förmig in den Kalkfelsen geschlagen und mindestens vier Meter breit und zwei Meter tief. An mehreren Stellen war er durch stehengelassenen Fels unterbrochen. Einer dieser Übergänge befand sich genau im Süden. Er war durch Palisaden gesichert, die den Durchlaß verengten und Teil einer Torkonstruktion waren. (Im Foto sind links die Eintiefungen dafür zu erkennen; die roten Linien deuten den weiteren Verlauf des Grabens an; die Mauerreste auf dem Übergang

lich, ob dieser »energische Hausputz«, wie der Ausgräber Carl W. Blegen das nannte, von einem Krieg zeugt, denn andernorts gab es keine Zerstörungen. Vielmehr entfaltete sich im Burgbereich eine rege Bautätigkeit; das deutet auf zunehmenden Wohlstand hin – der vielleicht mit dem Aufstieg Wilusas nach dem Niedergang von Assuwa zu tun haben könnte.

Um 1300 zerstörte ein Erdbeben Teile von Troia. Carl W. Blegen sah darin einen derart gravierenden Schnitt, daß er die folgende Zeit als neue, ärmere Periode betrachtete und als Troia VIIa bezeichnete. Doch es handelte sich nicht um einen radikalen Umschwung: Die Schäden waren keineswegs flächendeckend, und es gab weder einen Wechsel in der Kultur, noch änderte sich, wie man seit kurzem weiß, etwas an den Herrschaftsverhältnissen.

sind aus griechischer Zeit.) Zu einem solchen »Stadtgraben« gehörte sicher auch eine Stadtmauer, die wohl mit einigem Abstand hinter dem Graben lag (im Hintergrund der Rekonstruktion). Mit magnetischer Prospektion und durch Ausgrabungen konnte der Graben bisher auf einer Länge von 700 Metern nachgewiesen werden. Gut 80 Meter außerhalb lag ein zweiter, der auch einen südlich des Tores liegenden kleinen Friedhof aus Troia VI einschloß. Das könnte bedeuten, daß die Unterstadt in Troia VIIa vergrößert wurde.

Nun wurde der mächtige Turm am Südtor gebaut, wahrscheinlich stammt auch der Ostturm (allerdings ist dieser noch nicht neu erforscht worden) aus dieser Zeit, und möglicherweise wurde jetzt erst die Nordostbastion (Abb. S. 88) fertiggestellt.

Mit Blick auf das, was in dem hethitischen Vertrag über Wilusa gesagt wird, könnte man allerdings schließen, daß es im Gefolge des Erdbebens wegen der Neubaumaßnahmen gewisse Engpässe gab, die zu Unruhen führten, denn dort heißt es: »Die Leute murren.« Eine Rolle könnte auch gespielt haben, daß Alaksandu als Thronfolger umstritten war (und Opponenten vielleicht sogar Pijamaradu zu seinem Überfall ermunterten). Aber nach Abschluß des Vertrags und der Anerkennung Alaksandus durch die Hethiter kehrte wieder Ruhe ein.

Dazu paßt, daß in Troia zu Beginn von VIIa eine Phase der Konsolidierung folgte; von einer Verarmung kann keine Rede sein. Die Erdbebenschäden an der Burgmauer wurden repariert, und in der Unterstadt westlich der Burg wurden ziemlich große Häuser gebaut (Abb. S. 100–103). Darin gefundene Gegenstände belegen, daß hier wohlhabende Bürger lebten (Abb. S. 93).

Und einige interessante Scherben wurden hier ausgegraben: Teile eines Stiergefäßes, das sozusagen einen Brückenschlag zwischen der Ägäis und Zentralanatolien darstellt. Die Körperform und die Gestaltung der Augen entsprechen hethitischen Traditionen, beispielsweise denen eines Stierpaars aus Sarissa (einem weit östlich von Hattusa gelegenen hethitischen Kultort); die Oberflächenverzierungen, nämlich mattrote Punkte und Wirbel, orientieren sich hingegen an mykenischen Vorbildern. Stiere spielten in vielen bronzezeitlichen Religionen eine Rolle (etwa auf Kreta); bei den Hethitern verkörperten sie den Wettergott, den obersten ihrer zahllosen Götter – und in Wilusa wurde laut dem Vertrag zwischen Alaksandu und Muwattalli ebenfalls ein Wettergott verehrt.

Für die Mitte des 13. Jahrhunderts sind für Wilusa dann schwierige Zeiten bezeugt. In einem Brief an den Großkönig von Ahhija-

Diesen Keilschriftbrief schrieb der hethitische Großkönig Hattusili III. um 1255 an den gleichrangigen Herrscher von Ahhijawa. Das Schreiben, in dem von einem Streit die Rede ist, den die beiden Könige über Wilusa hatten, ist auf hethitisch abgefaßt, nicht in der sonst meist benutzten »Diplomatensprache« Akkadisch. Offenkundig lag dem Frühgriechisch sprechenden Ahhijawaner das gleichfalls indoeuropäische Hethitisch näher als das semitische Akkadisch.

wa schreibt der hethitische Großkönig Hattusili III. (1266–1236) von der »Angelegenheit von Wilusa«, derentwegen er und der Ahhijawa-Herrscher sich feind gewesen seien. Aber man habe sich wieder vertragen, weil Krieg zwischen ihnen Unrecht sei (Abb. links). Es ist unklar, ob bei diesem Konflikt überhaupt Waffen gekreuzt wurden – ganz gewiß war es kein großer Krieg, und in Troia selbst finden sich keinerlei Anzeichen dafür.

Auch ein Brief des Ahhijawa-Königs an Hattusili blieb erhalten. Er ist auf Hethitisch abgefaßt, aber ihm ist deutlich anzumerken, daß dies für den Schreiber eine Fremdsprache war. In dem Brief wird ein Streit der Großkönige um Inseln angesprochen, die früher einmal zum Land Assuwa gehörten; außerdem erwähnt der Ahhijawa-König einen Vorfahren namens Kadmos, der seine Tochter mit einem König von Assuwa verheiratet habe. Leider ist der Brief, der erst kürzlich neu übersetzt wurde, sehr fragmentarisch; interessant ist jedenfalls, daß es eine dynastische Verbindung zwischen dem griechischen Festland (der Name Kadmos läßt insbesondere an Theben denken) und Nordwestkleinasien – genauer: dem Land Assuwa, dessen politische Nachfolge Wilusa am Ende des 15. Jahrhunderts antrat – gegeben hatte. Vielleicht ist der Anspruch der beiden Großmächte auf die Inseln sogar jene »Angelegenheit von Wilusa«, wegen der sich der Ahhijawa-Herrscher und der hethitische Großkönig uneins gewesen waren.

Ein paar Jahrzehnte später brach ein Bürgerkrieg in Wilusa aus: Der wilusische König Walmu mußte sich zum König von Mira flüchten. Der hethitische Großkönig Tudhalija IV. (1236–1215) gab Anweisung, Walmu wieder auf seinem Thron zu installieren. Daß Ahhijawa an diesem Konflikt beteiligt war, ist unwahrscheinlich, denn es hatte da bereits ganz andere Probleme.

Archäologisch würden zu solchen Unruhen kleinere Häuser mit zahllosen Vorratsgefäßen (Pithoi) passen, die um diese Zeit im Burgbereich gebaut wurden (sie waren es, die zu der Annahme führten, Troia VIIa sei arm gewesen; in Wahrheit wurden sie nicht zu Beginn der Phase, sondern eine ganze Weile später errichtet). Es ist auch denkbar, daß diese Bauten gar keine Wohnhäuser, sondern Lagerhäuser waren. In der Hethiterhauptstadt Hattusa gibt es einen Fund, der gewisse Parallelen aufweist: Dort wurden im späten 13. Jahrhundert in besonders befestigten Bereichen unterirdische Getreidespeicher angelegt, die auch vor der eigenen Bevölkerung abgeschottet waren. Aus ägyptischen Berichten geht hervor, daß Ende des 13. Jahrhunderts bei den Hethitern Hunger herrschte und Ägypten mit großen Getreidelieferungen aushelfen mußte. Es ist also durchaus denkbar, daß die in der Burg von Troia gleichfalls vor den eigenen Bewohnern geschützten Vorräte dieselbe Hungerzeit widerspiegeln.

Ein letztes Mal ist um 1200 in hethitischen Quellen von Wilusa die Rede: Diesmal ist es ein Brief von Suppiluliuma II. (1214/13–1190) an den König von Mira, der nun als Großkönig behandelt wird. Wieder ist die Rede von Auseinandersetzungen um die Königsherrschaft in Wilusa.

Gleichfalls um das Jahr 1200 datieren die Archäologen einen Krieg, dessen Spuren sie in Troia gefunden haben. Einen Krieg, den die Troianer verloren. Die Häuser und Paläste wurden geplündert und in Brand gesteckt. Im Schutt wurden mehrere Tote, zahlreiche Waffen sowie drei Haufen mit Schleudersteinen entdeckt, die die Verteidiger offenbar nicht mehr einsetzen konnten.

Eine Welt bricht zusammen

Die Zeit um 1200 v. u. Z. brachte gewaltige Einschnitte am östlichen Mittelmeer. Gleich mehrere mächtige Reiche versanken in Bedeutungslosigkeit.

Den Anfang machten die Zentren der mykenischen Kultur. Bis etwa 1230 hatte der Export mykenischer Waren noch ständig zugenommen, dann ging er plötzlich drastisch zurück, und um 1200 lagen die meisten mykenischen Paläste in Schutt und Asche. Daß Ahhijawa auch politisch keine Rolle mehr spielte (und deshalb kurz zuvor wohl nicht an dem Konflikt um König Walmu in Wilusa beteiligt war), belegt ein um 1223 abgefaßter Vertrag, in dessen Entwurf der hethitische Großkönig Tudhalija IV. den Großkönig von Ahhijawa aus der Liste gleichrangiger Herrscher streichen ließ.

Doch nur wenig später erwischte es die Hethiter selbst: Sie ga-

Ein Wohnhaus in der nordwestlichen Unterstadt zur Zeit von Troia VI, dessen Mauern im vorderen Bereich komplett aus Stein waren. Bei dem Erdbeben um 1300 wurde es schwer beschädigt.

ben ihre Hauptstadt Hattusa auf, ihr riesiges Großreich brach zusammen und geriet so schnell und gründlich in Vergessenheit, daß bereits im 5. Jahrhundert v. u. Z. der griechische Historiker Herodot überhaupt nichts mehr darüber wußte.

Mehr oder weniger zur gleichen Zeit gingen die blühenden Hafenstädte in der Levante zugrunde, und mit dem verlorenen Krieg endete auch die bedeutendste Epoche von Troia.

Die wohlgeordnete Welt der Bronzezeit existierte nicht mehr.

Was genau der Grund für diesen gewaltigen Umbruch war, ist nicht sicher. In ägyptischen Berichten ist die Rede von einem »Seevölkersturm«, der sich durch die Länder zog und nur von Ägypten erfolgreich abgewendet werden konnte. Doch dabei handelte es

An der Stelle des auf der vorangegangenen Seite gezeigten Gebäudes wurde in der Phase Troia VIIa (1300–1200) ein neues Wohnhaus errichtet. Es folgte derselben Ausrichtung, war aber wesentlich größer – ein weiterer Beweis, daß Troia VIIa keine Zeit der Armut und beengten Verhältnisse war. Der Hauptraum nahm den etwas höheren Flügel vorn links ein, und im Obergeschoß dahinter befanden sich weitere Wohnräume. Ein Teil der Wände war wahrscheinlich bemalt, wie Putzreste nahelegen (das ist eine Ausnahme, denn Hinweise auf Bemalungen wurden bislang in Troia nur selten gefunden).

Der gesamte langgezogene rechte Hausflügel war den Vorräten vorbehalten: In zwei Reihen standen hier mindestens zwölf große Pithoi aus Ton. Sie waren einst fast bis zum Rand eingegraben und mit flachen Steindeckeln verschlossen. Damit hatte man eine wirkungsvolle Kühlung und konnte zugleich bequem, nämlich ebenerdig, an die Lebensmittel gelangen. Auch zur Zeit von Troia VIIb1 lebten in diesem Haus wohlhabende Leute. Neben verschiedenen Schmuckstücken wurde darin auch ein Karneolsiegel mykenischen Typs gefunden. Am Ende dieser Phase (um 1130) stürzte das Haus ein und wurde nicht mehr aufgebaut.

Blick in den Hauptraum des auf der vorigen Seite gezeigten Unterstadthauses aus Troia VIIa. Auf dem Podest in der Ecke stehen auf der schnellen Töpferscheibe gedrehte, hellbraun gebrannte

sich nicht um Eroberer, sondern um eine riesige Völkerwanderung, deren Auslöser nicht Machtstreben, sondern Hunger war. Im letzten Viertel des 13. Jahrhunderts hatte der Handel erheblich nachgelassen, der Nachschub der wichtigen Rohstoffe Zinn und Kupfer war zum Erliegen gekommen. Wirtschaftliche Probleme bis hinunter nach Babylon waren die Folge. Hinzu kamen Klimaveränderungen, die – zumindest in Anatolien – zu Mißernten führten. Gleich an mehreren Orten lassen die archäologischen Funde auf soziale Revolten schließen. Und in Hattusa hatten zusätzlich Machtkämpfe zweier Linien des Königshauses die Autorität geschwächt und das Reich gegenüber Angreifern von außen verwundbar gemacht.

Wo und wann Zuwanderer aus dem Norden am Geschehen beteiligt waren, ist nicht eindeutig auszumachen. Sicher sind sie nicht nur selbst weit nach Süden gezogen, sondern haben auch

Keramikgefäße; eine Farbgebung, die auch schon für Troia VI typisch war, nun aber besonders in Mode kam. Im hinteren Raum ist ein tief in den Boden eingegrabener Pithos zu erkennen.

Mykener bis hinunter nach Palästina verdrängt. Das Ergebnis waren jedenfalls ungeheure Wanderungsbewegungen, die sich bis hinüber nach Süditalien erstreckten.

Während Städte wie Hattusa verlassen und andere wie Mykene in Schutt und Asche lagen, ging in wieder anderen, etwa in Troia, das Leben weiter – aber es hatte sich gründlich verändert.

Dunkle Zeiten

Die Troianer hatte einen Krieg verloren, hatten schwere Verluste und Zerstörungen hinnehmen müssen, aber die Stadt wurde nicht aufgegeben. Mit Hilfe von Zuwanderern wurde sie wieder aufgebaut. Wo es möglich war, wurden alte Häuser hergerichtet, und innerhalb der Burgmauern kamen neue hinzu, die jeweils mehrere Räume hatten. Nun lebte nicht mehr nur eine kleine Herrscherschicht in der Zitadelle.

Arm war diese Stadt (Troia VIIb1) immer noch nicht: So wurde beispielsweise die Straße am Südtor neu gepflastert, und Funde aus der Unterstadt zeigen, daß hier nach wie vor begüterte Bürger lebten. Offenbar war die Bevölkerung ziemlich bunt gemischt: An der Keramik läßt sich ablesen, daß die herkömmliche Bevölkerung nicht verschwunden war. Die auf der Scheibe hergestellte einheimische graue (Abb. S. 64), die hellbraune und die imitierte »mykenische« Keramik gab es weiterhin; neu waren aber handgefertigte, mit sogenannten Fingertupfenleisten verzierte Gefäße und Violinbogenfibeln (große, an Geigenbögen erinnernde »Sicherheitsnadeln«, mit denen die Kleidung verschlossen wurde). Beide sind aus

In diesem Haus im südwestlichen Burgbereich wurde das erste bronzezeitliche Schriftzeugnis Troias gefunden: ein Siegel. Die Grundmauern des Gebäudes datieren aus Troia VIIa, es wurde in VIIb erneuert und weiter benutzt. Das Siegel stammt aus der Übergangsschicht zwischen Troia VIIb1 und VIIb2 (um 1130).

Norditalien, Griechenland und vor allem vom Balkan bekannt – also waren Zuwanderer aus dem Norden nach Troia gekommen, die eine wichtige Rolle im Leben der Stadt spielten und mit den Fibeln eine neue Mode nach Troia gebracht hatten. Deshalb wird Troia VIIb auch als von Balkan-Einflüssen geprägte Troia-Kultur bezeichnet.

Aber es gab noch weitere Bewohner: In der Unterstadt wurde in einem der wiederaufgebauten Häuser neben Gold- und Bronzeschmuck ein Karneolsiegel mykenischen Typs gefunden, und es kam zudem ein »Ärmchenbeil« aus Eisen zutage, eine Form, die man bislang nur aus Hattusa und Nordsyrien, also hethitischen Gebieten, kannte.

Um 1130 wurde Troia VIIb1 durch einen Brand zerstört. In der sich direkt anschließenden Phase VIIb2 kamen weitere Einwande-

Das doppelseitige Bronzesiegel gehörte einem Ehepaar. Die obenliegende Seite war das Siegel des Mannes. Die Schriftzeichen sind luwische Hieroglyphen. Im Innenkreis zeigt es außer Glückszeichen (die beiden Dreiecke oben links und rechts) und dem nur teilweise lesbaren Namen in der Mitte links eine stilisierte Schreibtafel aus Ton mit zwei Spalten: Der Besitzer war Schreiber. Die Zeichen des äußeren Rings erinnern an Keilschrift, sind aber reine Schmuckelemente, die ein Königssiegel nachahmen. Vor 1200 hatten nur die Siegel der hethitischen Großkönige neben den gleichfalls luwischen Hieroglyphen innen einen – echten – Keilschriftring außen.

Ein gepflasterter Platz in der nordwestlichen Unterstadt. Zunächst handelte es sich um eine Straße, die zu einem breiten, später zugemauerten Tor in der Festungsmauer führte – auf ihr konnten Waren beispielsweise vom Ägäishafen mit einem Wagen direkt in die Burg gebracht werden. In dem dicken Brandschutt über dem Pflaster wurden unter anderem drei Haufen mit

rer aus dem Balkan hinzu. Ihre »Markenzeichen« waren Orthostaten, aufrecht stehende Steinplatten an den Hausfundamenten, und »Buckelkeramik«: ebenfalls handgefertigte, aber sorgfältig polierte Gefäße mit auffälligen hörnerartigen Verzierungen. Doch auch die Töpferscheibe wurde wie gehabt weiterbenutzt.

Selbst wenn es nach dem verlorenen Krieg und mit dem Beginn der Eisenzeit gewaltige Umwälzungen in Troia gegeben hatte und

insgesamt 157 Schleudersteinen gefunden. Offensichtlich hatte man sie für die Verteidigung der Stadt hier angehäuft, konnte sie aber wohl nicht mehr erfolgreich einsetzen, weil es den Angreifern gelungen war, die Stadt in Brand zu stecken: Möglicherweise sind sie stumme Zeugen eines verlorenen Krieges, der das Ende von Troia VIIa und der troianischen Hochkultur bedeutete.

neue Herren in dem, was von der Burg übrig geblieben war, residierten, bedeutet das nicht, daß alle Mitglieder der alten Herrscherschicht verschwunden waren. In einem der Häuser hinter der Burgmauer wurde ein Bronzesiegel gefunden, das seinen Besitzer in luwischen Hieroglyphen als Schreiber auswies (Abb. S. 104 und 105). Die Position eines Schreibers gehörte zu den vielseitigsten und angesehensten in der Bronzezeit. Er mußte nicht nur jahre-

Zwischen 1130 und 1050 (Troia VIIb2) wurden rund um die Burg dicht an dicht Häuser mit vielen kleinen Räumen, in die Erde gegrabenen Kellern und Steinpflaster gebaut. Diese standen im Westen der Stadt direkt außen an der alten Burgmauer.

lang regelrechte Schreiberschulen besuchen, um die komplizierte Keilschrift zu erlernen, sondern sich auch in der Geschichte seines Landes auskennen und fremde Sprachen lesen und schreiben können. Möglicherweise waren Schreiber darin sogar manchen ihrer Könige voraus. In der Regel kamen sie aus hochrangigen Familien und fungierten auch als Diplomaten und Kultwächter.

Dieses Schreibersiegel mit den luwischen Hieroglyphen ist um so bedeutender, als es das bislang einzige Schriftzeugnis aus dem 2. Jahrtausend in Troia ist. Die Archive, die es mit Sicherheit gab, wurden zerstört, als Jahrhunderte später das Zentrum des Burgbergs für den Bau eines Tempels gekappt und planiert wurde. Das Siegel beweist, daß es hier Schreiber gab und daß Luwier zur Oberschicht in Troia gehörten. Auch dieser Luwier lebte in der Burg – und mit einiger Wahrscheinlichkeit waren auch seine Vorfahren zur Zeit von Troia VI auf der Burg ansässig.

Auch um 1130 hatte Troia also vielleicht noch eine funktionierende Verwaltung, die sich der Schrift bediente. Denkbar sind Verbindungen zum Großkönigtum Mira, einem jener Reiche, die die Nachfolge des hethitischen Großreichs angetreten hatten. Sonder-

Das Osttor während der Ausgrabungen 1893/94, den ersten Kampagnen, die Wilhelm Dörpfeld nach Schliemanns Tod im Dezember 1890 leitete. Deutlich zu erkennen sind die Schuttmassen, die das Tor und den Zwinger versperrten, und die kleinen Häuser, die zur Zeit von Troia VIIb2 darüber gebaut wurden. Offenbar herrschte nun wirklich drangvolle Enge im Bereich der einstmals so hochherrschaftlichen Burg. Die kleinräumigen Häuser, an die immer neue Kammern angeflickt wurden, vermitteln den Eindruck von Waben und Zellen.

lich gut ging es der Stadt nun allerdings nicht mehr. Spätestens jetzt wurden der große Brunnen in der Nordostbastion zugeschüttet und das Osttor zugemauert. Die Häuser hatten ziemlich kleine Räume mit tief in den Boden gegrabenen Kellern (Abb. S. 108), die Vorräte wurden nicht mehr ausschließlich in den riesigen Pithoi gelagert.

Am Ende von Troia VIIb2 stand wieder einmal ein Krieg: In der Brandschicht wurden zahlreiche Pfeilspitzen aus Knochen gefunden. Diesen Krieg verloren die Troianer um 1050.

Aber das war noch nicht das Aus, auch wenn man in der Folgezeit schwerlich noch von einer Stadt sprechen kann. Wie die mit Zirkelkreisen bemalten, »protogeometrischen« Gefäße zeigen, bestanden zwar nach wie vor Handelskontakte (in diesem Fall mit dem Westen), doch um ihre Ernährung zu sichern, mußten die Bewohner wieder einmal vermehrt auf die Jagd gehen. Um 950 v. u. Z. setzte ein weiterer Brand auch diesem Troia ein Ende, und die meisten verließen ihre Heimat. Während der nächsten 200 Jahre lebten bestenfalls einige wenige Menschen in den Ruinen.

Gab es *den* Troianischen Krieg?

In der Antike hätte man mit dieser Frage am ehesten Verblüffung ausgelöst, denn damals lautete die Frage nicht *ob*, sondern *wann*. Ausführliche Berechnungen antiker Autoren kamen zu dem Ergebnis: zu Beginn des 12. Jahrhunderts v. u. Z., am häufigsten wurden, umgerechnet, die Jahre 1184 bis 1182 genannt – also ziemlich genau der Zeitpunkt, an dem die Troianer am Ende von Troia VIIa einen Krieg verloren.

Schliemann nahm die *Ilias* als Reiseführer wie als Geschichtsbuch und löste durch seine Entdeckungen Begeisterung aus. Doch alsbald wurde klar, daß die naive, direkte Übertragung dessen, was Homer schildert, auf die reale Stadt nicht viel Sinn machte. Prompt schlugen die Debatten ins andere Extrem um, und man plädierte dafür, den Troianischen Krieg komplett aus der Geschichte zu verbannen, ihn wieder ins Reich der Mythen zu verweisen.

Doch so einfach ist die Sache nicht. Sicher ist, daß es viele Kriege um Troia gab, den ersten spätestens zur Zeit von Troia II. Und der letzte liegt keine 100 Jahre zurück: Die Schlacht von Gallipoli 1915–1916 war nichts anderes als ein weiterer Kampf um die Dardanellen, um die Kontrolle über einen Handelsweg und eine strategisch wichtige Position (benannt ist diese Schlacht zwar nach der Halbinsel gegenüber, aber die Kämpfe haben genauso in Troia getobt; die Ausgräber haben Schützengräben, Uniformknöpfe, Patronen aus dem Ersten Weltkrieg entdeckt).

Der Krieg am Ende von Troia VIIa war jedoch nicht *der* zehnjährige Krieg mit der alles verschlingenden Feuersbrunst, von dem die vielen Geschichten über Troia berichten: Er endete zwar mit einer Zerstörung und mit Bränden, aber die Stadt wurde weder komplett verwüstet noch verlassen. Dieser troianische Krieg steht viel eher mit dem »Seevölkersturm« in Verbindung – was übrigens nicht bedeutet, daß *keine* Mykener unter den Angreifern waren. Aber wenn, dann waren es Mykener, die aus ihren angestammten Gebieten vertrieben worden waren, nicht die Feldherren und Heere verbündeter, mächtiger Städte. Und natürlich ging es nicht um den Raub einer schönen Gattin, sondern eher um so etwas wie den Nachschub des knapp gewordenen Kupfers oder Zinns.

Wie berichtet, gab es neuen Erkenntnissen zufolge tatsächlich Auseinandersetzungen zwischen Achäern und Hethitern, und Wilusa spielte keine geringe Rolle dabei. Doch die Geschichte der hethitischen Großreichszeit ist zu gut dokumentiert, als daß man noch auf neue Schriftfunde hoffen könnte, die jenen großen Krieg belegen, der im Bewußtsein der Antike eine derartig prominente Stellung einnahm.

Das Datum, das die antiken Texte nennen, weist vielleicht in eine andere Richtung: Die vielen Kriege um Troia wurden in der Überlieferung zusammen mit den wahrhaft einschneidenden Ereignissen am Ende der Bronzezeit (die Troia auch in erheblichem Maß betroffen haben) zu einem einzigen Ereignis poetisch verdichtet – und viereinhalb Jahrhunderte später von einem Genie schriftlich festgehalten.

Die Antike

Troia VIII–X

Die Antike

Troia VIII–X

Die Griechen kommen

Diesmal kamen wirklich Griechen. Aber sie machten erst einmal einen Bogen um die Stadt, die ihnen später so heilig war.

In mehreren Wellen siedelten sie sich im Zug der Ägäischen Wanderung an der Westküste Anatoliens und auf den ihr vorgelagerten Inseln an: Erst nahmen Äolier aus Thessalien und Böotien die Insel Lesbos und später das Festland östlich und südlich davon in Besitz; dann ließen sich Ionier aus Attika und Euböa zwischen Izmir und Halikarnassos sowie auf den vorgelagerten Inseln nieder; schließlich breiteten sich die Dorer südöstlich davon aus. Um 800 v. u. Z. waren diese drei Siedlungsbewegungen im wesentlichen abgeschlossen, und die inzwischen entstandenen Städte schlossen – nach den drei Stämmen getrennt – Bündnisse.

Weiter nach Anatolien hinein konnten die Griechen nicht ziehen, denn dort hatten inzwischen die Lyder und die seit ungefähr 1200 v. u. Z. eingewanderten Phryger ihre Reiche errichtet. Für neue Stadtgründungen mußte man also ausweichen, und dafür bot sich die Troas an, von der aus man den Seehandel, der mittlerweile wieder stark zugenommen hatte, gut kontrollieren konnte. Also wurde die Landschaft rund um Troia von ganz unterschiedlichen Mutterstädten aus kolonisiert: Unter anderem gründeten Ionier aus Milet die Städte Abydos und Skepsis, Äolier aus Mytilene auf Lesbos Neandria, Tenedos, Achilleion und Achaion, Athener schließlich um 600 Sigeion, die jüngste der neuen Städte, die direkt auf dem Höhenrücken zwischen Troia und der Ägäis lag und nun zum bedeutendsten Ort in der Troas wurde.

Zeitzeuge Homer

Troia hingegen war nahezu menschenleer, ein Nichts. So machtlos, daß die Bewohner von Sigeion sich die Steine für ihre Stadtbefestigung aus der Nordmauer von Troia VI herausbrechen konnten. Eine gewisse Bedeutung hatte der Ort – der jetzt »Ilion« hieß – nur durch das Heiligtum im Südwesten an der alten Burgmauer. Es war spätestens Mitte des 8. Jahrhunderts v. u. Z. hier errichtet worden. Wobei »errichtet« nicht ganz korrekt ist: Es handelte sich um zwei Altäre unter freiem Himmel, die von heiligen Mauern umgeben waren. Furchteinflößend dürften allerdings die Löwen gewesen sein, die darin im Rahmen eines Fruchtbarkeitskults gehalten wurden.

Und imposant müssen die gewaltigen Ruinen gewirkt haben,

Homer aus hellenistischer Sicht: Von dem berühmten Dichter gibt es weder gesicherte Lebensdaten noch eine authentische Darstellung. Also machte sich jede Epoche ihr eigenes Bild. Biographien über ihn wurden erst viel später geschrieben und waren weitgehend fiktiv. Aus ihnen stammt auch die Vorstellung vom blinden Sänger, die in die bildlichen Darstellungen Eingang gefunden hat.

Bereits im 8. Jahrhundert, zu Homers Zeit, stand in Ilion ein Heiligtum. Sein Zentrum bildeten, wie so oft, Altäre unter freiem Himmel, die von Temenosmauern umgeben waren. Tempel, die auf diese heiligen Bezirke ausgerichtet waren, kamen erst später hinzu. Die gesamte Anlage wurde mehrfach umgebaut, die Rekonstruk-

die noch immer viele Meter hoch und von weither deutlich sichtbar auf dem Hügel standen.

Homer muß sie gesehen haben. Der Dichter lebte zur selben Zeit, in der zweiten Hälfte des 8. Jahrhunderts, an der ionisch besiedelten Westküste Kleinasiens – also nicht weit von Troia entfernt –, und seine Schilderungen des Ortes und der Landschaft lassen nur einen Schluß zu: daß er – was lange bezweifelt worden war – seine *Ilias* genau hier spielen ließ. Die von ihm beschriebenen Paläste und Tempel, die breiten Straßen, die Tore (eines davon mit einem mächtigen Turm), aber auch Verteidigungsanlagen wie Gräben mit Palisaden dahinter, die Bestattungsriten und Kampftechniken lassen auf einen erheblichen historischen Wahrheitsgehalt der *Ilias* schließen.

Was nicht heißt, daß man Homers Epos als Geschichtsbuch lesen sollte – die *Ilias* ist Literatur, große Literatur, und nichts sonst.

tion zeigt sie nach der Neugestaltung im 2. Jahrhundert v. u. Z. Auffallend ist die strenge Parallelität der beiden Altäre und Tempel (jedes Temenos hatte sogar seinen eigenen Brunnen). Geweiht waren sie wohl unter anderem Kybele und Demeter, denn von diesen Göttinnen wurden besonders viele Figürchen gefunden.

Sie behandelt auch gar nicht (wie viele fälschlich glauben) den zehnjährigen Troianischen Krieg; der bildet, genau wie die Stadt selbst, nur den Hintergrund für die eigentliche Handlung, die binnen 51 Tagen im zehnten Kriegsjahr abläuft und sich um Mut, Ehre, Ruhm, Treue und Verrat und alle daraus resultierenden menschlichen und göttlichen Konflikte dreht. Die Umstände wie den Ausgang des Troianischen Kriegs konnte Homer bei seinen Lesern – besser: Zuhörern – als bekannt voraussetzen. Unzählige Mythen und Sagen zum Thema müssen schon lange vor der Niederschrift in Umlauf gewesen sein, und auch später noch nahmen sie in zahlreichen anderen Werken literarische Gestalt an. Doch nur der *Ilias* war eine solche Qualität zu eigen, daß ihr Rang und Ruf als *das* Heldenepos schlechthin bis auf den heutigen Tag überdauert haben.

Das große Theater gehörte zu den Schauplätzen der ab 306 v. u. Z. jährlich veranstalteten Festspiele zu Ehren der Athena. Zu diesen Panathenäen, die wahrscheinlich Ende Juli stattfanden, gehörten neben den Opfern für die Göttin Spiele, Pferderennen, sportliche und musikalische Wettkämpfe, poetische Rezitationen und Prozessionen. Im Theater fanden fast 8000 Menschen Platz, die zu den Panathenäen aus der ganzen Troas herbeiströmten, und für

Das heilige Ilion

Natürlich strahlte dieser Glanz auch auf Troia selbst ab: Nach 700 v. u. Z. wurden im Heiligtum gegenüber von den Altären die ersten Tempel gebaut, und zumindest ein paar Menschen dürften zur Versorgung derselben von nun an hier gelebt haben. Politisch teilte Troia das Schicksal der umliegenden Orte, die von der zweiten Hälfte des 7. Jahrhunderts an unter lydischer Oberhoheit standen, aber relativ große Autonomie genossen. Mit der Gründung von Sigeion war ein starker athenischer Einfluß dazugekommen, den die Äolier aus Mytilene mehrfach zu brechen suchten. Als dann die Perser 547 das Lyderreich zerstörten, fiel auch die Troas an Persien. Für deren

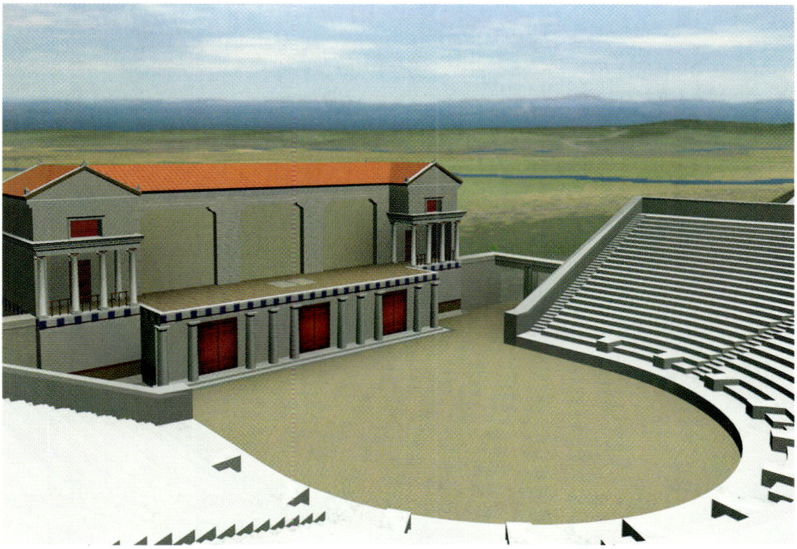

seinen Bau hatte ein Gönner 4950 Goldstatere (das sind fast 99 000 Drachmen) bereitgestellt. Es war reich mit Skulpturen geschmückt; in der römischen Kaiserzeit erhielt es zudem Reliefs mit Szenen aus den Troia-Mythen sowie von Romulus und Remus. Die U-förmige Orchestra (Innenfläche) war 45 Meter lang, und die Cavea (der ansteigende Zuschauerbereich) war an den Berghang gebaut.

Bevölkerungsstruktur, zu der neben den Kolonisten natürlich auch die Reste der angestammten Bewohner gehörten, bedeutete das wenig: Noch zu Beginn des 4. Jahrhunderts wurde die Gegend um Troia als »äolische Polis« beschrieben.

Für Baumeister und Handwerker war es eine gute Zeit. Im Heiligtum wurde ein Tempel im äolischen Stil errichtet, dessen Kapitelle mit Spiralen verziert waren, und auch im Süden der alten Burg wurde an mehreren Stellen gebaut, unter anderem ein Prytaneion, eine Art Amtshaus.

Doch dann überquerte 480 der Perserkönig Xerxes auf seinem Feldzug nach Griechenland die Dardanellen. Vorher bestieg er den ehemaligen Burgberg von Troia, wo oben auf den Trümmern ein kleiner, der Athena Ilias geweihter Tempel stand (von dem die Archäologen aber keinerlei Spuren gefunden haben). Xerxes ließ der Göttin 1000 Rinder und den Homerischen Heroen Trankopfer darbringen. Genützt hat es ihm nichts – noch im selben Jahr wurden sein Heer und seine Flotte vernichtend geschlagen.

Auch für die Ilier war es kein erfreulicher Besuch gewesen: Die Verköstigung von Xerxes' Soldaten hatte sie wohl den Großteil ihrer Herden gekostet, es folgte eine Zeit des Niedergangs. Die Troas blieb zwar persisch, aber Athen, Sparta und Mytilene konnten immer wieder kleine Bereiche davon erobern, und die häufigen Machtwechsel beschleunigten den wirtschaftlichen Niedergang der Region. In Ilion wie anderswo wurde praktisch nichts neu gebaut, in der gesamten klassischen Zeit herrschte hier trostlose Armut.

Erst 334 kam die Wende: Alexander der Große, der die *Ilias* glühend verehrte, besuchte zu Beginn seines Feldzugs gegen die Perser Ilion, tauschte seinen Schild gegen einen im Tempel aufbewahrten (den er später in der Schlacht als »heiligen Schild der Athena« vor sich hertragen ließ), rief Ilion zur Stadt aus und befahl, sie »mit Bauwerken herzurichten« und ihr Autonomie sowie Steuerfreiheit zu gewähren. Doch Alexander starb 323, noch ehe er sein riesiges, binnen weniger Jahre erobertes Reich festigen konnte. Unter seinen Nachfolgern, den Diadochen, brachen erbitterte, fast 50 Jahre währende Machtkämpfe aus.

Ilion selbst hatte darunter jedoch nicht zu leiden; vielmehr hielten sich die Diadochen an Alexanders Verfügungen und betätigten sich als Gönner der Stadt. Nordöstlich des Burgbergs wurde 306 ein großes Theater eingeweiht (Abb. S. 118), wenig später stand oben auf dem höchsten Punkt ein neuer, prächtiger Athena-Tempel (Abb. S. 122), und das Prytaneion zu seinen Füßen wurde durch ein größeres ersetzt. Viele der »Tumuli« genannten Erdkegel in der Troas, die man für die Gräber der gefallenen Helden hielt (in Wirklichkeit sind die meisten uralte Siedlungshügel oder natürlichen Ursprungs), wurden neu oder größer aufgeschichtet, und mehrere kleine Orte in der Umgebung, so berichtet der griechische Geograph und Geschichtsschreiber Strabon, wurden aufgelöst und ihre Bewohner nach Ilion umgesiedelt.

Bedarf an den neuen öffentlichen Großbauten bestand, weil im

Die Reste des Hafens von Alexandria Troas. Er lag ähnlich günstig wie der bronzezeitliche Ägäishafen von Troia und trat in der Antike dessen Nachfolge an. Die 11 Meter langen Säulen sind aus einem Stück gefertigt und stammen aus einem nahegelegenen Steinbruch. Der Troas-Granit war in der Antike berühmt und wurde bis nach Rom exportiert.

Jahr der Theatereinweihung sich mindestens zehn Troas-Städte zu einem Bund zusammenschlossen, in dessen Mittelpunkt der Kult der Athena Ilias stand. Das »heilige Ilion«, wie sich der Ort nun in Anlehnung an Homer nannte, stieg zum religiösen und politischen Zentrum auf und bekam eine eigene Münze. Auch der von Alexander versprochene »heilige Wettkampf« wurde gestiftet: Nach dem Vorbild Athens veranstaltete man alljährlich zu Ehren der Athena Festspiele, sogenannte Panathenäen, die gleich zehn Tage dauerten und nicht nur acht wie in Athen oder gar bloß fünf wie in Olympia. Und wenn diese Spiele ähnlich abliefen wie die in Athen, dann wurden dabei auch die *Ilias* und die *Odyssee* rezitiert – wahrscheinlich auf der Agora direkt südlich von der bronzezeitlichen Burg. Um 250 ging man noch einen Schritt weiter und restaurierte und verkleidete diesen Abschnitt der alten Burgmauer, um die »Echtheit« des Ortes herauszustellen.

Auf Geheiß von Alexander dem Großen wurde am höchsten Punkt der Stätte ein riesiges, rund 10 000 Quadratmeter großes Plateau angelegt und darauf ein Tempel zu Ehren der Athena Ilias errichtet. Er war im dorischen Stil erbaut und trug die dafür typischen Triglyphen (rechts). Nur noch wenige Bruchstücke und Säulentrommeln sind davon erhalten; zahllose Marmorblöcke fielen dem Steinraub zum Opfer oder wurden ab dem 5. Jahrhundert u. Z. Stück für Stück in Kalköfen verbrannt.

Der Athena-Tempel war mit einer Grundfläche von 16,5 mal 36 Metern der größte dieser Göttin geweihte Tempel in der Troas. Er bildete den religiösen Mittelpunkt des Bundes der Troas-Städte und erhielt von diesen regelmäßige Zuwendungen. 85 v.u.Z. wurde er teilweise zerstört, seinen Wiederaufbau veranlaßte später Kaiser Augustus. Zum Tempelschmuck gehörten eine Kassettendecke, Metopen (eine zeigte eine wunderschöne Helios-Darstellung) und eine Nachbildung des berühmten Palladions. Dieses hölzerne Kultbild der Pallas Athene hatte der Sage zufolge Zeus einst Dardanos, dem Gründer Troias, gesandt. Solange es sich in der Stadt befand, galt diese als uneinnehmbar. Deshalb raubte es Odysseus während des Troianischen Kriegs – mit den bekannten Folgen –, und es gelangte (wahlweise) nach Athen, Argos, Sparta oder Rom (und machte wiederum diese uneinnehmbar). Auch die Münzen, die seit der hellenistischen Zeit in Ilion geprägt wurden, zeigten das Palladion.

Zehn Kühe machen alle satt

Ilion konnte von seinem mythischen Ursprung und von seinen Gönnern profitieren, aber eine eigene Wirtschaftskraft aufzubauen gelang der Stadt nicht. Zum einen war die politische Großwetterlage dazu weiterhin zu instabil, zum anderen war ein neuer ökonomischer Konkurrent entstanden: Das 25 Kilometer weiter südlich an der Ägäisküste im Jahr 301 gegründete Alexandria Troas verfügte über einen künstlichen Hafen mit zwei Becken, der sich wesentlich besser für große Schiffe mit mehr Tiefgang eignete als der alte, immer mehr verlandende Hafen von Troia (Abb. S. 121).

Die Troas unterstand seit 281 formell den Seleukiden (den Nachfolgern des letzten Diadochen), doch diese waren in ihrem riesigen Reich beständig in Auseinandersetzungen verwickelt, kämpften nicht zuletzt untereinander sowie mit den ägyptischen Ptolemäern um Syrien, so daß die Troas mehr oder weniger schutzlos blieb. Anno 278 überquerten die Galater (Kelten) auf dem Zug nach Kleinasien die Dardanellen und richteten in Ilion, das noch immer unbefestigt war, schwere Schäden an. 277 kam die Stadt kurz unter makedonischen Einfluß, dann herrschten wieder die Seleukiden über sie.

Unter dem seleukidischen Kleinasien-Statthalter Antiochos Hierax (241–228) ging es Ilion etwas besser: Der Athena-Tempel wurde mit einer dorischen Portikus umrahmt (Abb. rechts), im Heiligtum kam in der Nähe der offenen Altäre ein neuer Tempel mit Kieselmosaik und bemalten Wänden hinzu, und an Stelle des Prytaneions errichtete man ein Bouleuterion (Rats- und Versammlungshaus), in dem die Mitglieder des Städtebundes tagten. Es maß gut 16 mal 22 Meter, und in seinem Inneren befanden sich ein Altar oder Standbild an der Stirnseite und eine Kolonnade um die im Halbkreis angeordneten Sitzplätze. Und endlich begann man auch mit dem Bau einer 3,2 Kilometer langen Befestigungsmauer um die Stadt. Nach deren Fertigstellung standen dann erstmals wieder bessere Wohnhäuser in der Unterstadt.

Doch Antiochos Hierax wurde 228 vom König von Pergamon aus Kleinasien vertrieben. Das rund 130 Kilometer südlich von Troia gelegene Pergamon hatte die wechselvolle Situation ge-

Aus der Seleukidenzeit stammt die Portikus (lateinisch für Säulenhalle oder Stoa), mit der das Tempelplateau an drei Seiten umgeben wurde (die Nordseite blieb offen und gab den Blick Richtung Dardanellen frei). Von dort führte eine Treppe hinunter in die Ebene und zum großen Theater. Im Vordergrund der im Freien gelegene Hauptaltar.

schickt ausgenutzt und war dabei immer mächtiger geworden. Nachdem Pergamon 230 die abermals vorrückenden Galater zurückgeschlagen hatte, kam Ilion – weiterhin als freie Stadt – unter dessen Schutz. Dabei blieb es, ungeachtet der Tatsache, daß unter Antiochos dem Großen (223–187) dann wieder die Seleukiden das Sagen in Kleinasien hatten.

Im großen und ganzen aber gelang es Ilion in diesen unbeständigen Zeiten, sich aus Konflikten herauszuhalten. Nur einmal brauchte es Hilfe: Als 217 keltische Söldner die Stadt zu plündern beabsichtigten, kamen ihr 4000 Mann aus Alexandria Troas zu Hilfe. Auf das Städtebündnis um den Athena-Ilias-Kult konnte man sich also verlassen – und die neue Stadtmauer hatte ihre erste Bewährungsprobe glänzend bestanden.

Groß war die Stadt dennoch immer noch nicht: Vom Beginn des 2. Jahrhunderts wurde berichtet, daß bei einem Festmahl zehn

Solche Wohnhäuser standen zwischen 225 und 130 v. u. Z. im Süden der Unterstadt. Beispielsweise wurde eines mit Portikus am Graben von Troia VI gefunden. Im Foto ist die Herdplatte eines dieser hellenistischen Gebäude zu erkennen. Sie waren aus Lehmziegeln auf Steinfundamenten errichtet und verfügten im allgemeinen über einen eigenen Brunnen, einen Hof, einen

Kühe ausreichten, um der Athena Ilias zu opfern und sämtliche Einwohner satt zu bekommen.

192 kam Antiochos der Große persönlich und opferte im großen Tempel der Athena Ilias, bevor er über die Dardanellen setzte, um nach der erfolgreichen Wiederherstellung des Seleukidenreichs auch noch das griechische Festland zu vereinnahmen. Das aber rief die Römer auf den Plan. Wie schon zuvor Xerxes brachte das Opfer Antiochos kein Glück: Er unterlag in mehreren Schlachten und mußte 188 seine kleinasiatischen Besitzungen an die Römer abtreten. Die Oberhoheit über dieses Gebiet sprachen diese zwar Pergamon zu, aber die Ilier verstanden es, aus der neuen Situation den größten Nutzen zu ziehen.

Abwasserkanal und noch eine Zisterne. Ganz gewiß hatten die Häuser Dachziegel: Damit ist Demetrios von Skepsis durch den archäologischen Befund der Lüge überführt, denn er hatte in seiner Stänkerei gegen Ilion behauptet, in seiner Jugend (Anfang des 2. Jahrhunderts) seien die Wohngebäude derart vernachlässigt gewesen, daß man nicht einmal Ziegel auf den Dächern hatte.

Die Mutterstadt Roms

»Scipio zog nach Ilion, und nachdem er in der Ebene unterhalb der Mauern das Lager aufgeschlagen hatte und zur Stadt und zur Burg hinaufgestiegen war, brachte er Athena, der Herrin der Burg, ein Opfer dar. Die Bewohner von Ilion wiesen ihn durch alle möglichen Ehrungen in Tat und Wort darauf hin, daß die Römer von ihnen abstammten, und die Römer freuten sich über ihre Herkunft.« Das war im Jahr 190 v. u. Z., und der römische Konsul, von dem Livius mit diesen Worten berichtete, war Lucius Cornelius Scipio, der Bruder des berühmten Scipio Africanus.

Mythische Stammbäume haben nicht viel mit Logik gemein: Daß die griechischen Ilier ihre Abstammung von den im Troianischen Krieg siegreichen Achäern herleiteten und nicht von den unterlegenen Troianern, die sie jetzt als Ahnherren der Römer ausgaben, ist im allgemeinen Freudentaumel anscheinend keinem aufgefallen.

Aeneas, Sohn des Anchises und der Göttin Aphrodite, entstammte Homer zufolge einer jüngeren Nebenlinie des Herrscherhauses und spielt in der *Ilias* keine zentrale Rolle; erst später entwickelte sich die Legende von seinem Entkommen – samt Vater und Sohn – aus der brennenden Stadt. Im 4. Jahrhundert schrieb Timaios, ein griechischer Historiker aus Sizilien, Aeneas sei nach Westen gegangen und habe die Stadt Lavinium in Italien gegründet. Demetrios von Skepsis (der stets gegen Ilion wetterte, vgl. Einleitung) behauptete dagegen, Aeneas habe die Troas nie verlassen, sondern Priamos' Nachfolge angetreten und bis ins hohe Alter in Troia regiert. Hegesianax von Alexandria Troas zufolge wanderte Aeneas zwar aus, starb aber bereits in Thrakien; erst sein Sohn Rhomos soll dann Rom gegründet haben. Nur der aus Ilion stammende Polemon verkündete, Aeneas habe tatsächlich eigenhändig den Grundstein für Rom gelegt. (Die heute geläufige Aeneas-Legende beruht auf dem Epos *Aeneis*, das Vergil erst zur Zeit von Kaiser Augustus verfaßte.)

Wie auch immer, die Geschichte kam bei den Römern gut an: Im Friedensvertrag von Apameia, der 188 den Krieg Antiochos' des Großen gegen Rom zum Abschluß brachte, wurde Ilium, wie die Stadt auf lateinisch hieß, offiziell zur »Mutterstadt Roms« erklärt. Ihr wurden Autonomie, mehr Land und erneut Steuerfreiheit gewährt.

Es wurde auch wieder gebaut. Diesmal gestaltete man das Heiligtum grundlegend um (Abb. S. 116): Es bekam eine monumentale Terrasse, auf der zwei neue, parallel stehende Tempel errichtet wurden (während der knapp 100 Jahre alte Tempel mit dem Kieselmosaik nicht mehr benutzt wurde). Sie waren auf die offenen Altäre ausgerichtet, die gleichfalls verschönert wurden. Im Norden des Heiligtums kam noch ein weiteres, ziemlich großes Gebäude von 11,5 mal 9,5 Metern hinzu, das möglicherweise noch einen Seitentrakt hatte (über seine genaue Funktion ist nichts bekannt). Auch die Einwohnerzahl nahm zu: Eine fragmentarische Liste beispielsweise nennt 231 Neubürger von Ilium.

Als »Mutterstadt Roms« erfreute sich Ilium eines gesicherten

Wohlstands, und seine Bewohner konnten sich selbstbewußt gegen die anderen Orte der Troas, die nun in ihrem Machtbereich lagen, durchsetzen. Mit den einstigen Steinräubern von Sigeion aber ging man besonders hart ins Gericht: Strabon berichtete, »wegen Ungehorsams« sei Sigeion von den Iliern »dem Erdboden gleichgemacht« worden.

Ein undankbarer Sohn

133 v.u.Z. starb der Herrscher von Pergamon ohne direkte Nachkommen und vermachte sein Hoheitsgebiet Rom. Das rief sofort einen entfernten Verwandten auf den Plan, der seine Ansprüche geltend machte. Die Römer konnten ihm zwar Einhalt gebieten, aber vorher plünderte er mehrere Orte im Nordwesten von Kleinasien, darunter Ilium. Dabei gingen Wohngebäude im Süden an der Stadtmauer in Flammen auf, und die Bewohner verließen ihre Häuser dort und bezogen besser geschützte Quartiere nahe der einstigen Burg.

Von 129 an gehörte Ilium zur römischen Provinz Asia, und von 123 an beuteten Steuerpächter deren Städte ziemlich willkürlich aus, so daß viele sich dem pontischen König Mithridates anschlossen, der von einem neuen hellenistischen Großreich träumte. 88 kam es zum Aufstand gegen die Römer. Ilium beteiligte sich nicht daran, fiel aber trotzdem für drei Jahre an Mithridates.

Rom konnte sich das natürlich nicht bieten lassen und setzte Truppen in Marsch. 86 eroberte Sulla Griechenland zurück, das seit 148 römische Provinz gewesen war und sich ebenfalls losgesagt hatte. Ein Jahr später schlug der Römer Flavius Fimbria in Kleinasien dann das Heer des Mithridates. Anschließend zog Fimbria – er hatte gegen seinen Vorgesetzten gemeutert, ihn ermordet und selbst den Befehl über dessen Truppen übernommen – mit seinen Legionen plündernd durch das westliche Kleinasien und machte auch vor der »Mutterstadt« nicht halt. Die bedrohten Ilier sandten einen Hilferuf an Sulla, der mittlerweile bis Thrakien vorgerückt war, doch dieser kam zu spät.

Das etwa 110 Quadratmeter große Gebäude am Nordrand des Heiligtums wurde bei Flavius Fimbrias Angriff zerstört, und später stellte man die Ruine geradezu aus: Offenbar sollte sie an jene Belagerung erinnern, bei der die »Mutterstadt Roms« beinahe zerstört worden wäre. Unerwartet kam Fimbrias Sieg damals nicht: Das Gebäude war leergeräumt, als es in Flammen aufging. In den Trümmern wurden nur noch ein paar Amphoren gefunden (deshalb läßt sich auch nicht sagen, welche Funktion es hatte). Sogar die Bo-

Fimbria eroberte die Stadt nach zehntägiger Belagerung. Anschließend brüstete er sich damit, er habe »die Stadt, die Agamemnon mit seiner tausendschiffigen Flotte und ganz Griechenland als Mitkämpfer nur mit Mühe im zehnten Jahr erobert hatte, selber am elften Tag bezwungen«, worauf ein Ilier mit Galgenhumor laut Strabon geantwortet haben soll, diesmal hätten sie eben keinen Hektor in ihren Reihen gehabt …

Fimbrias Leute richteten unter der Bevölkerung ein Blutbad an.

denplatten, die wohl aus Marmor waren, konnten rechtzeitig entfernt werden. Einzig die 2,80 mal 1,10 Meter große Türschwelle war dafür zu schwer und überdauerte so die Zeiten (links im Foto). Und auch eine menschliche Tragödie konservierte die Asche: das Skelett eines Mannes, der bei dem Brand ums Leben kam. Er war über 40 Jahre alt und zog das rechte Bein nach. Warum er sich zu diesem Zeitpunkt noch in dem leeren Gebäude aufhielt, ist unbekannt.

Wieviel Schaden sie in der Stadt verursachten, ist nicht sicher, aber die Archäologen haben die Spuren ihrer Verwüstungen gefunden, zahlreiche Häuser verbrannten, unter anderem im Heiligtum (Abb. oben). Auch der Athena-Tempel und das große Theater wurden beschädigt.

Endlich kam Sulla mit seinen Truppen und erlöste die Stadt. Er versprach den raschen Wiederaufbau. Dankbar führten die Ilier einen neuen Kalender ein, dessen Jahr Null dasjenige von Sullas

Über diesen Aquädukt, der die Schlucht des Thymbrios (Kemer) überspannt, wurde Wasser aus dem südlich gelegenen Idagebirge nach Ilium geleitet. Es floß durch zwei Tonröhren mit je 18 Zentimetern Durchmesser; mit dieser Menge konnten mehrere tausend Menschen sowie die Thermen und öffentliche Brunnen wie das den Nymphen geweihte Nymphäum versorgt werden.

Eingreifen war. (Auch die Archäologen orientieren sich an dieser markanten Zäsur; die griechisch-archaische, klassische und hellenistische Zeit fassen sie als Troia VIII zusammen, mit 85 v.u.Z. beginnt Troia IX, die römische Epoche.)

Üppig kann die Wirtschaftshilfe aus Rom aber nicht ausgefallen sein. Im Gegenteil: in Ilium, das schon seit der Plünderung zwischen 133 und 130 nicht mehr sonderlich reich gewesen war, drohte nach Fimbrias Attacke das Leben zu ersterben. Mindestens 60 Jahre lang wurde dem archäologischen Befund nach kein Neubau mehr errichtet. Der Bund der Troas-Städte bestand zwar immer noch, aber der Athena-Tempel mußte Kredite zu niedrigen Zinsen vergeben statt großzügige Geldgeschenke zu verzeichnen.

Hohe Besucher

An der schwierigen Lage Iliums änderte sich auch mit dem nächsten Besucher allerersten Ranges nichts: Kein Geringerer als Gaius Iulius Caesar kam 48 v. u. Z., um der »Mutterstadt Roms« die Ehre zu erweisen. Doch das war nicht sein Hauptmotiv, auch nicht, daß er seinem Vorbild Alexander dem Großen nacheiferte, mit dem er die Begeisterung für Homer teilte: Vor allem huldigte er dem sagenumwobenen Ort, weil er Aeneas' Sohn Askanios, der im römischen Mythos auch Iulus heißt, für den Stammvater seines Geschlechts, der Iulier, hielt.

Caesar erklärte Ilium zum »freien und von Abgaben ledigen Staat«. Mehr bewirkte er nicht. Vier Jahre später war er tot, und das Gerücht, er wolle Ilium zur Hauptstadt des römischen Reichs machen, hatte seinen Mördern als Rechtfertigung für ihre Verschwörung gedient.

Sein Nachfolger Octavianus, der spätere Kaiser Augustus (Abb. S. 136), setzte sich wesentlich effizienter für die Stadt ein. Als er Ilium 20 v. u. Z. besuchte, sah er eine Stadt in Trümmern. Doch nun entfaltete sich überall eine rege Bautätigkeit. Der Athena-Tempel und das große Theater wurden ausgebessert und verschönert, und die Agora wurde völlig neu gestaltet. Sie wurde frisch gepflastert und erhielt ein Odeion, ein Bad sowie ein neues Bouleuterion (Abb. S. 134), das fast 30 Meter breit und über 26 Meter tief war und dessen Längswände auf die Portikus des Athena-Tempels ausgerichtet waren. Die Agora selbst war vermutlich mit Säulenhallen, Skulpturen und Brunnen geschmückt. Weitere öffentliche Gebäude standen hinter dem Odeion und westlich des Tempelbezirks. Auch das Heiligtum wurde völlig umgebaut, der Boden angehoben, mit Marmorplatten gepflastert, ein neuer Marmoraltar errichtet; von den beiden Tempeln blieb nur der größere stehen; längs des Heiligtums baute man eine 20 Meter lange Tribüne, von der aus Zuschauer den Kulthandlungen folgen konnten.

Im Verlauf der Kaiserzeit wurde auch das übrige Areal großzügig und nach Plan ausgebaut. Die Unterstadt war nun dichter besiedelt als je zuvor. Ihre Grundstruktur bildete ein Gitter aus rechtwinklig angelegten Straßen, die genau der Ausrichtung des Tem-

Das neue Bouleuterion, das nach dem Besuch von Kaiser Augustus errichtet wurde, war fast doppelt so groß wie der Vorgängerbau aus hellenistischer Zeit. Es diente wiederum als Versammlungshaus für den Bund der Troas-Städte. Seine Fassade war mit farbigem Marmor verkleidet. Davor erstreckte sich eine lange, schmale Säulenhalle. Von dort gelangte man durch zwei große Türen direkt in den Sitzungsraum. An der Stirnseite erhob sich zwischen den Türen ein niedriges Podium, das durch drei von kleinen Dreiviertelsäulchen getragene Schranken zur Orchestra abgegrenzt wurde. Dieses Podest diente nicht als Rednertribüne, sondern als separierter Ort für Ehrensessel. Die Orchestra hatte die Form eines überhöhten Halbkreises und war mit Marmorplatten in Grau, Weiß und Dunkelrot ausgelegt, die ein geometrisches Muster aus Rauten und Streifen bildeten. In der Mitte

stand der in jedem Bouleuterion zu findende Altar. Dieser war quadratisch, seine Position durch das Marmormuster besonders akzentuiert. Um die Orchestra erhoben sich die Sitzreihen. Zu ihnen gelangte man über vier Treppen, von denen sich zwei neben den Eingangstüren befanden, während die anderen beiden am Nordende der Orchestra lagen und das Halbrund der Sitze in drei etwa gleich große Abschnitte teilten. Insgesamt gab es 14 Sitzreihen. Einzig die unterste war aus Marmor, alle anderen Versammlungsteilnehmer mußten sich mit Kalksteinbänken begnügen. Alles in allem fanden ziemlich viele Personen in diesem Bouleuterion Platz – weit mehr als die ursprüngliche Zahl der Vertreter der Troas-Städte: Als der Städtebund 306 v. u. Z. erstmals tagte, hatten acht der zehn Städte sowie Ilion je drei und zwei (darunter Skepsis) je zwei Vertreter geschickt.

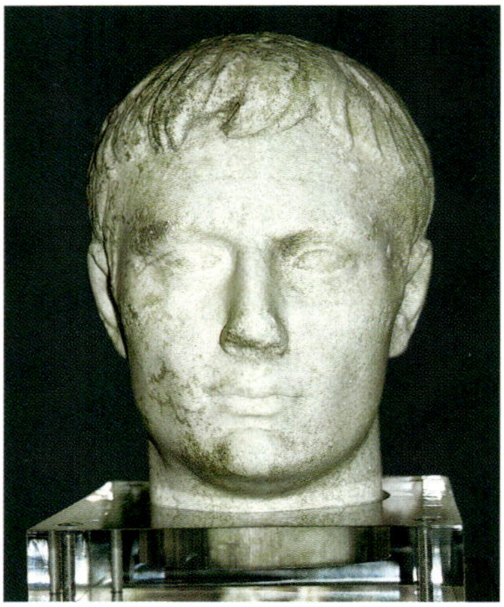

Seine erneute Blüte hatte Ilium vor allem Kaiser Augustus (63 v.u.Z.–14 u.Z.) zu verdanken. Den Schriftquellen zufolge gab es drei Augustus-Standbilder in Ilium, doch dieser Kopf ist das einzige plastische Porträt des Kaisers, das bislang hier gefunden wurde. Entdeckt wurde der Kopf 1997 vor dem Odeion.

pelplateaus folgten. Die Straßen selbst waren etwa fünf Meter breit und mit Kalksteinplatten gepflastert.

Die einzelnen Wohnblocks dieses Rasters waren rund 50 Meter breit, 50 bis 100 Meter lang und je nach Wohlstand und Status der Bewohner mehr oder weniger prächtig bebaut. Neben Wohnhäusern gab es auch Werkstätten, wobei Schmieden oder Gießereien weit im Süden lagen, damit der vorherrschende Nordostwind deren Rauch und Qualm nicht über die besseren Wohnquartiere treiben konnte, die sich unmittelbar südlich an die Agora anschlossen.

Wie in römischen Städten üblich, war die Wasserwirtschaft und damit die Hygiene vorbildlich: Fast jedes Haus verfügte über einen eigenen Brunnen, zusätzlich wurde qualitativ besseres Wasser aus dem nahen Gebirge über eine Leitung herangeführt (Abb. S. 132). Das Abwasser wurde über Rohre in einen Klärteich unterhalb der Stadt geleitet, der so weit weg lag, daß die Bewohner nicht von Gerüchen, Mücken und Malaria geplagt wurden.

Man lebte komfortabel. Aber auch wenn Ilium jetzt eine durch und durch römische Stadt war, sprachen die Einheimischen wie alle anderen an der Westküste weiterhin Griechisch, wie Inschriften bezeugen. Sie lebten und sie pflegten ihre Identität als Nachfahren heroischer Ahnen, und das zahlte sich immer mehr aus.

Römischer Massentourismus

In den ersten Jahrhunderten u. Z. geziemte es nicht nur Kaisern, sondern jedem vornehmen Römer, der »Mutterstadt« die Ehre zu erweisen. Die Besucher strömten in immer größeren Scharen herbei, und die mythische Verklärung Iliums nahm allmählich bizarre Züge an.

Die Stadt schmückten zahllose Heroengalerien und Bildsäulen der troianischen Helden. Immer neue Münzen mit mythischen Motiven wurden geprägt – eher Souvenirs als Zahlungsmittel. Die Tumuli in der Landschaft wurden so herausgeputzt, wie es der touristischen Erwartungshaltung entsprach (Abb. unten). Man zeigte Besuchern den Stein, auf dem laut *Ilias* der Achäer Palamedes seinen Mitstreitern das Damespiel beigebracht hatte, den wundertätigen Fels, an den Kassandra gekettet worden war, und sogar die Ambosse, die Zeus der widerspenstigen Hera angehängt hatte. Das alles war natürlich geklittert oder gefälscht. Aber die Besucher konnten Tage oder gar Wochen damit verbringen, all die »Sehenswürdigkeiten« zu besichtigen und die *Ilias* genau an den Stätten zu lesen, die darin beschrieben waren. Kurz: Ilium war zu einem Ort geworden, den wir heute vielleicht als historischen Freizeitpark oder Mythen-Disneyland bezeichnen würden.

Ein Heldengrab Marke Eigenbau: Dieses Tonnengewölbe präsentierten die Ilier als Eingang zum Grab des Aias (der nach einem Streit mit Odysseus dem Wahnsinn verfiel und sich in sein Schwert stürzte). In Wahrheit ist es ein blinder Gang, der vor einen zum Tumulus aufgehäuften Hügel gesetzt wurde. Natürlich enthielt er keine Grabstätte. Anläßlich des Ilium-Besuchs von Kaiser Hadrian wurde das falsche Heldengrab »restauriert«.

Das Odeion war zwar das kleinere Theater, aber seine Architektur wirkte nach dem Umbau unter Kaiser Hadrian ausgesprochen elaboriert. Geradezu als »barock« könnte man die zweistöckige Bühnenwand bezeichnen. Sie war mit farbigem Marmor verkleidet, der aus allen Teilen des römischen Imperiums kam und zu kunstvollen Einlegearbeiten zusammengefügt war. Vor allem aber erzeugten ihre in zwei Reihen angeordneten Nischen durch Vor- und Rücksprünge und Farben eine Illusion von räumlicher Tiefe, die man bislang nicht kannte und angesichts der relativ dünnen Mauer, die dafür zur Verfügung stand, höchste Architektenkunst verlangte. Möglicherweise war Hadrian selbst dieser Meisterarchitekt oder zumindest stark an den Plänen beteiligt. Die Säulen an den Nischen folgten der ionischen, korinthischen sowie der für die Zeit Hadrians typischen pergamenischen Ordnung, aber diese wechselten nicht wie zuvor von Stock zu Stock, sondern innerhalb der Reihen und verstärkten so zusammen mit unterschiedlich

großen Giebeln das kunstvolle Spiel mit der Scheinarchitektur. Zudem waren nur die unteren Säulen aus Marmor, die oberen dagegen aus Granit. In den Nischen standen Skulpturen, auch eine von Hadrian. Zweifellos war das ein ziemlich kostspieliger Bau. Und offenbar diente er als Vorbild für das fast 50 Jahre später erbaute Theater von Aspendos. Ungewöhnlich war auch, daß das Odeion nicht überdacht war. Den oberen Abschluß um den steilen Zuschauerraum bildete eine Kolonnade. Vier symmetrisch angeordnete Treppen teilten den Zuschauerraum in fünf Blöcke, dazu kamen noch zwei Treppen an den Seiten. Die Orchestra war halbkreisförmig, um 1,3 Meter abgesenkt und hatte einen Durchmesser von knapp zehn Metern; die Bühnenwand dahinter erstreckte sich über 22 Meter. Auf ihrem Dach sind in der Rekonstruktion die Pfosten zu erkennen, die den (wohl hölzernen) Schalldeckel über der Bühne hielten, der die sowieso gute Akustik noch verbesserte und den Figurenschmuck schützte.

Die Stadt hatte es geschafft, zu einem festen Bestandteil des Kaiserkults zu werden, und das war ein Geschäft auf Gegenseitigkeit. Die römischen Herrscher bestätigten regelmäßig die Privilegien der Stadt oder erweiterten sie sogar und ließen ihr großzügige Summen zukommen. Claudius gewährte Ilium Abgabenfreiheit »auf ewige Zeiten«; Antoninus Pius erlaubte dem Athena-Tempel, Erbschaften anzunehmen; jeder Kaiserbesuch brachte neue Bauten oder zumindest Verschönerungen mit sich, etwa neue Mosaiken in der Therme oder ein Bühnengebäude für das große Theater.

Hadrian, der 124 u.Z. in die Stadt kam, ließ das augusteische Odeion neu gestalten, erweitern und prächtig ausschmücken (Abb. S. 138); Mark Aurel gab die Renovierung des Athena-Tempels in Auftrag; Caracalla befahl anläßlich seines Besuches 214 u.Z., genau gegenüber dem Hektor-Heiligtum eine Kolossalstatue des Achilleus aufzustellen, denn er sah sich als »neuen Alexander« und verehrte daher die achäischen, nicht die troianischen Helden. Die Ilier bedankten sich, indem sie Statuen, Heiligtümer und ganze Ruhmeshallen den römischen Kaisern und deren Familien widmeten. Und neben den angestammten Feierlichkeiten der Stadt wurde jetzt auch noch ein »Fest der Römer« veranstaltet.

Nicht überliefert ist allerdings, wie die Ilier auf ein Spektakel reagierten, das alle anderen in den Schatten stellte und sozusagen eine Rekonstruktion ganz eigener Art war: Kaiser Caracalla soll bei seinem Besuch seinen Freund Festus ermordet haben, um ihm die seiner Meinung nach höchste aller Ehren zukommen zu lassen – nämlich in Troia so um ihn zu trauern, wie in der *Ilias* Achilleus

»[Ari]stonoe (stiftete) die Bühne von Grund auf und den Skulpturen-

Hadrian, von 117–138 Kaiser, war sehr gebildet, förderte Literatur und Kunst und betätigte sich auch als Architekt. Diese leicht überlebensgroße Skulptur (einst war sie ca. 2,1 Meter hoch) stand in einer der Nischen an der Bühnenwand des Odeions und wurde 124 oder kurz danach angefertigt. Sie zeigt den Kaiser, der zu diesem Zeitpunkt bereits 48 Jahre alt war, betont jugendlich und mit einer Lockenfrisur im Stil seiner frühen Büsten. Der Harnisch ist hellenistischen Typs und von ungewöhnlicher Schlichtheit: Einzig ein Gorgonenhaupt ziert die Brustplatte.

den Tod des Freundes Patroklos beklagt, und ihm anschließend ein ebenso schönes Begräbnis samt den von Homer geschilderten Spielen zu bereiten.

Abgesehen von einem Überfall durch germanische Heruler (Goten) anno 267, der aber das Zentrum verschont ließ, ging es der Stadt und ihren Bewohnern auch das 3. Jahrhundert hindurch

schmuck ... «, lautet der Text dieser Stifterinschrift vom Odeion.

blendend. Im Jahr 326 schien dann ihr größter Karrieresprung bevorzustehen: Konstantin der Große plante, die Hauptstadt des römischen Reichs nach Ilium zu verlegen, und diesmal war das kein böswilliges Gerücht: Bei einem Besuch legte er persönlich den Verlauf der künftigen Stadtmauer und die Standorte der Tore fest. Letztere waren angeblich bereits errichtet, als er – aufgrund einer göttlichen Eingebung, wie es hieß – statt dessen Byzanz wählte, das 330 unter dem Namen Konstantinopel als neue Hauptstadt eingeweiht wurde – ein schwerer Schlag für die Ilier.

Ein byzantinischer Bischofssitz

Konstantin hatte noch weitere Visionen, und die waren es, die Ilium letztlich zum Untergang verdammen sollten. Sie bekehrten ihn zum christlichen Glauben, den er nach Kräften förderte, während er zugleich die heidnischen Religionen und auch den Kaiserkult immer mehr einschränkte.

Als 380 das Christentum Staatsreligion im römischen Reich und 391 alle heidnischen Kulte endgültig verboten wurden, war das Schicksal der Stadt besiegelt: Die Götter der Antike hatten ausgedient, die Tempel und Heiligtümer verfielen, die alten Sagen und Mythen wurden nicht mehr erzählt, *Ilias* und *Odyssee* kaum noch gelesen, die Heroen der Frühzeit vergessen. Für Troia interessierte sich keiner mehr.

Ilium war zu diesem Zeitpunkt bereits Bischofssitz, aber die finanziellen Zuwendungen blieben aus, und seine weitere Geschichte verlief ähnlich wie die vieler bedeutungsloser Provinzstädtchen des oströmischen Reichs. Um 500 zerstörten zwei schwere Erdbeben den großen Tempel und was von den Prachtbauten in der Nähe der Agora, die inzwischen als Friedhof fungierte, noch übrig war. 542 grassierte eine Seuche, der anscheinend die meisten Bewohner zum Opfer fielen, denn danach kann der Ort nach Einschätzung der Archäologen bestenfalls ein kleines Dorf gewesen sein. Erst im 12. und 13. Jahrhundert siedelten hier wieder etwas mehr Menschen, aber wie Troia X – das byzantinische

Troia – ausgesehen hat, läßt sich nicht rekonstruieren. Außer zwei Friedhöfen, Scherben und einigen wenigen Gebäuderelikten blieb nichts davon übrig. Von den Kirchen, die es sicher gegeben hatte, fand man keine Spuren. Und das Leben war sehr hart: 40 Prozent der auf den Friedhöfen bestatteten Toten hatten das Erwachsenenalter nicht erreicht.

Als 1306 die Osmanen die Troas einnahmen, wurde auch der Bischofssitz aufgegeben, zurück blieb nichts weiter als Ackerland, aus dem ein paar merkwürdige Ruinen ragten, die im Lauf der Jahrhunderte immer weiter verfielen und vom Staub, den der ewige Wind heranwehte, langsam verschüttet wurden. Mehmet II., der Eroberer von Konstantinopel, kam 1462 zwar bereits wieder auf den Spuren Homers hierher, aber die Stätte konnte er damit nicht wiederbeleben.

Unsterblich wurde Troia nur durch das Epos, das seinen Ruhm begründet hatte. Es lebte schon im »dunklen Zeitalter« unserer eigenen Geschichte, in den Troia-Romanen des Mittelalters, in den Köpfen der Menschen wieder auf, und seither hat es unsere Phantasie nicht mehr losgelassen.

3000 Jahre danach

Die Rekonstruktion

3000 Jahre danach

Die Rekonstruktion

Im archäologischen Steinbruch

»Diesen Graben hier müssen Sie sich wegdenken«, sagt der Fremdenführer, »den hat erst Schliemann gegraben. Rechts können Sie noch ein Stück Mauer sehen und daneben bedeckt von dem Erdhügel noch ein zweites. Das sind die Mauern des großen Megarons von Troia II, Sie müssen sich hier ein riesiges Gebäude vorstellen. Wie? Nein, die Steine hier gehören nicht dazu, die sind runtergefallen von dort oben, wo zweitausend Jahre später der Athena-Tempel stand. Von dem gibt es nur noch diese Steine, aber wenn man die in Gedanken zusammensetzt, kann man ganz genau sagen, wie der Tempel ausgesehen hat.«

Heiß brennt die Sommersonne auf Troia. Ein Feigenbaum mit einer Bank darunter bietet nicht genug Schatten für alle. Die Führung hat schon lange gedauert. Einige Touristen in der Gruppe scharren ungeduldig mit den Füßen im Staub. Nicht jedem fällt es leicht, Säulenstümpfe und Mauerreste im Kopf zu einem Tempel hochzurechnen. Und, ehrlich gesagt, im Vergleich mit den gut erhaltenen Städten weiter südlich an der Küste, Ephesos zum Beispiel, erinnert das hier ein bißchen an einen Steinbruch – so berühmt das alte Troia auch sein mag.

In der Tat: 3500 Jahre Besiedlung mit ständigen Zerstörungen,

Kein Steinbruch, sondern ein Blick von Südwesten auf die Burg von Troia. Vor Beginn der Ausgrabungen war der Hügel überall so hoch wie die höchsten heute noch erhaltenen »Gipfel«. Darunter liegen etwa 15 Meter hohe Schichten, die in mehr als 3000 Jahren entstanden sind – die berühmten »9 Städte«. Die im Bild sichtbaren Steine sind Überreste der Burgmauern und Tore von Troia I (ganz links) und II. In einer Berg- und Tallandschaft von alten und neuen archäologischen Ausgrabungen liegt ein Gewirr von Mauerresten und Schutt verschiedenen Alters.

Um- und Neubauten, danach 1500 Jahre Verfall, auf die seit mehr als 130 Jahren zahlreiche archäologische Ausgrabungen folgten, haben nicht viel übrig gelassen von Troia. Und doch ist es genug, daß in den Köpfen und Publikationen der Archäologen eine ziemlich genaue Vorstellung darüber entstehen konnte, wie diese Ruine einmal ausgesehen haben mag. Daraus entstanden die Rekonstruktionen in diesem Buch. Aber wie? Wenn heute vor Ort im besten Fall noch schlecht erhaltene Ruinen zu sehen sind, woher beziehen dann Archäologen ihr Wissen? Ihre Computer sind schließlich keine Zeitmaschinen, mit denen sie kurz nach Troia II oder VI fliegen können, um ein paar Fotos zu machen.

Bausteine

Was sind also die Bausteine, aus denen Rekonstruktionen zusammengesetzt werden?

Das Fundament bildet die Dokumentation der Ausgrabung. Alle Pläne, Fotos und Beschreibungen müssen sorgfältig studiert werden. Daraus ergeben sich aber tatsächlich nur die Grundmauern eines Gebäudes, denn mehr ist meist nicht erhalten – manchmal nicht einmal so viel. Schon jetzt beginnt die Rekonstruktion. Unvollständige Grundrisse müssen ergänzt werden. Danach versucht man, alles aus dem Grabungsbefund herauszuholen, was in ihm an Information über nicht mehr erhaltene Teile eines Gebäudes steckt. Der Ansatz einer Treppe oder größere Mengen Schutt können zum Beispiel die Reste eines zweiten Stockwerks sein. Verkohlte Balken können Aufschluß über die Dachkonstruktion geben.

Für die fehlenden Teile müssen nun plausible Ergänzungen gefunden werden – mit Hilfe des gesamten verfügbaren archäologischen Fachwissens. Per Analogieschluß können diese Informationen dann zur Vervollständigung des fragmentarischen Objekts benutzt werden – mehr kann Archäologie ohnehin nicht tun.

Zunächst kann man nach kulturell vergleichbaren, zeitlich und räumlich benachbarten, vor allem aber besser erhaltenen archäologischen Denkmälern suchen. Da bietet sich etwa Akrotiri auf der Insel Thera (Santorin) an, ein bronzezeitliches Pompei, das Ende des 17. Jahrhunderts v. u. Z. von der Asche eines gewaltigen Vulkanausbruchs verschüttet wurde. So schrecklich solche Katastrophen für die betroffenen Menschen waren, für Archäologen sind

Antike Marmorgebäude bestanden tatsächlich aus weitgehend standardisierten Bausteinen. Einen griechischen Tempel kann man daher schon aus ein paar herumliegenden Steinen mit einiger Sicherheit rekonstruieren (oben). Bei bronzezeitlichen Gebäuden ist das nicht so einfach. Zunächst müssen alle verfügbaren Informationen – Fotos, Pläne, Beschreibungen – studiert werden (Mitte und unten). Danach kann man immer noch fehlende Teile mit vergleichenden Methoden ergänzen.

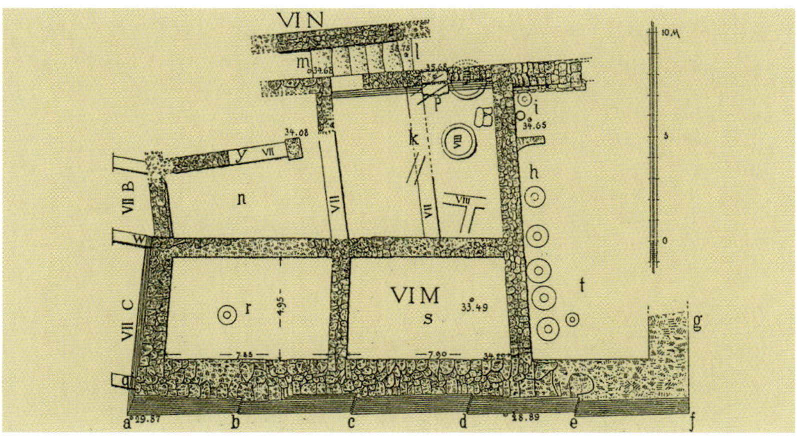
VI N
m
34.68
l
35.68
p
i
34.65
34.08
y
VII
k
VIII
h
VII B
n
VII
VII
w
VI M
r
s
t
33.49
4.95
7.85
7.90
g
VII C
a
29.87
b
c
d
e
f
10 M
5
0

sie ein wahrer Glücksfall: Die Häuser von Akrotiri sind zum Teil noch bis zum zweiten Stockwerk mit allen Details erhalten. (Und in diesem Fall sind die Menschen sogar glimpflich davongekommen: In der Asche wurden keine Toten gefunden.)

Dann kann man sich nach Darstellungen in der Kunst umsehen. Auch hier hat Troia selbst wenig zu bieten, aber im benachbarten Hethiterreich, im Orient und in Ägypten gibt es eine Fülle von Bildern, Reliefs, Skulpturen, ja sogar kleine Modelle, die Architektur genauso wie Szenen des täglichen Lebens zeigen.

Für manche Gebiete gibt es auch Schriftquellen. Aus der Antike sind ganze Architekturlehrbücher mit genauen Beschreibungen verschiedener Gebäude und Konstruktionen überliefert. Am bekanntesten sind Vitruvs »Zehn Bücher über Architektur«.

Eine weitere Quelle sind ethnoarchäologische Studien. Obwohl die Türkei und der gesamte Mittelmeerraum gerade einen Siegeszug des Betonbaus erleben, gibt es auch heute noch traditionelle Architektur, zu deren Errichtung nur Techniken und Materialien verwendet wurden, die so oder ähnlich auch im bronzezeitlichen Troia zur Verfügung standen: Stein, Lehm, Holz, einfache Werkzeuge. Verfallen diese Bauten, wie das heute leider nur zu oft der Fall ist, kann man die Ruinen mit den Befunden in archäologischen Ausgrabungen vergleichen – gleichartiger Schutt läßt die Schlußfolgerung zu, daß die Gebäude einander auch ähnlich waren, als sie noch standen.

Die Häuser im mit Troia gleichzeitigen Akrotiri auf Thera sind viel besser erhalten (oben). Ein hethitisches Tonmodell aus dem 15. Jahrhundert v. u. Z. zeigt eine Stadt- oder Burgmauer mit Turm (Mitte). Die runden Zinnen wurden auf unseren Rekonstruktionen aber weggelassen, weil es für sie in Troia keine Belege gibt. Im Süden Marokkos kann man noch heute Dörfer finden, die mit Materialien und Bautechniken errichtet wurden, wie sie auch in der Bronzezeit zur Verfügung standen (unten). Aus diesen und vielen anderen Informationsquellen kann man versuchen, eine plausible Vorstellung davon zu entwickeln, wie das bronzezeitliche Troia ausgesehen haben könnte.

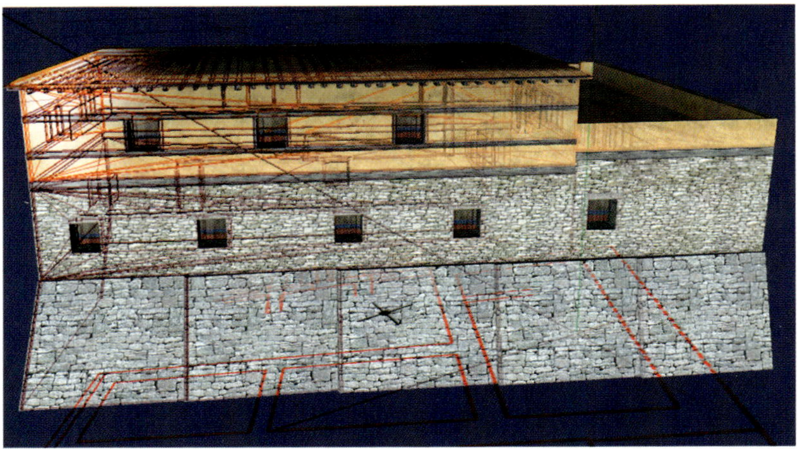

Im Computer entsteht ein Modell in mehreren Arbeitsgängen. Auf dem Grundriß (vgl. S. 149 unten) wird ein Drahtmodell aus Drei- und Vierecken (Polygonen) aufgebaut. Dieses wird anschließend mit einer Haut (Textur) überzogen, auf der die Oberfläche realistisch dargestellt wird. Dann wird das Ganze in die Landschaft gestellt und mit Licht und Schatten versehen.

Nachdem die Grundmauern in die Höhe rekonstruiert worden sind, müssen als nächstes die Lücken in der Fläche gefüllt werden. Auch mehr als 130 Jahre nach dem Beginn der Ausgrabungen in Troia ist erst ein kleiner Teil des Gesamtareals ausgegraben. Die Größe und Begrenzung der Siedlung kann aber mit Methoden der Prospektion und aus der Verteilung von Funden an der Oberfläche ermittelt werden. Für die unausgegrabenen Bereiche kann man ähnliche Gebäude, wie sie aus den Grabungen bekannt sind, rekonstruieren. Eine Darstellung nur der tatsächlich vollständig ausgegrabenen Gebäude mit leeren Flächen dazwischen würde einen völlig falschen Eindruck vermitteln: Archäologen haben nicht das Glück, daß immer dort, wo sie graben, etwas zu finden ist, während überall, wo sie nicht graben, auch keine Häuser standen …

Sind alle diese Bausteine zusammengetragen, kann die Rekonstruktion erstellt werden. Auf den Plänen und Grundrissen wird das Gerüst der Modelle aufgebaut. Jedes Objekt besteht aus zahlreichen Polygonen – Dreiecken oder Vierecken, deren Kanten wie ein Drahtgitter aussehen.

Anschließend wird dieses Gerüst mit einer realistischen »Haut« überzogen, die der Oberfläche Farbe und Struktur gibt. Dann können noch Licht und Schatten hinzugefügt werden.

Weil alle Objekte aus einfachen Polygonen konstruiert werden müssen, sind geometrische Formen, etwa Architektur, viel leichter zu bauen als unregelmäßige, organische Formen wie Menschen, Tiere und Pflanzen. Deshalb sehen Computermodelle nach wie vor ein wenig abstrakt aus. Natürlich gibt es Tricks. Man kann zum Beispiel ein Rechteck mit dem Foto eines Baumes wie eine Plakatwand in die Landschaft stellen. Das Rechteck wird unsichtbar gemacht, und schon sieht der Baum ziemlich natürlich aus, ohne daß man ein kompliziertes dreidimensionales Modell mit allen Ästen und Blättern benötigt.

Am Schluß kann man dann einzelne Bilder genau wie Fotos »schießen«. Man spaziert mit einer virtuellen Kamera durch das Modell, wählt das gewünschte Motiv und ein geeignetes Objektiv und läßt den Computer das Bild erzeugen.

Troia virtuell: mehr als Rekonstruktionen

Bei der Troia-Ausstellung in der Bundeskunsthalle in Bonn (Winter 2001/2002) konnten Besucher vor einer großen Leinwand Platz nehmen zu einer halbstündigen Zeitreise. Angeboten wurden Flüge und Spaziergänge durch das rekonstruierte Troia, die mit Hintergrundinformationen angereichert waren. Möglich war das geworden, weil Computer-Rekonstruktionen mehr als Bilder sind. Da die gesamte Szenerie dreidimensional gespeichert ist, kann man sich in diesem virtuellen Raum beliebig bewegen. Zur Navigation dient eine »Space Mouse«. (Mit so einem Gerät steuern übrigens die Astronauten im Space Shuttle die Greifarme ihrer Werkzeuge.)

Der Aufwand dafür ist allerdings beträchtlich. Für jede einzelne Ansicht muß der Computer ausrechnen, welche Teile des Modells gerade im Blickfeld sind und welche verdeckt, und entsprechend

Das virtuell rekonstruierte Troia ist Teil eines Präsentationssystems für Ausstellungen und Museen. Durch die Rekonstruktionen (rechts) kann man sich frei bewegen. Auf einem zweiten Bildschirm (links) läuft ein Planausschnitt mit, auf dem man seine Position verfolgen kann. An interessanten Punkten, die in der

der Perspektive muß er Modelle, Oberflächen, Licht und Schatten darstellen. Das ist kein Problem, wenn man ein bißchen warten kann, bis die Ansicht fertig ist. Möchte man sich aber in natürlich wirkendem Tempo durch das virtuelle Troia bewegen, hat man diese Zeit nicht. Wie bei einem Film müssen 24 bis 28 Bilder pro Sekunde erzeugt werden, damit der Eindruck von fließender Bewegung entsteht. Der Computer »weiß« nicht, wohin der Betrachter an der Space Mouse als nächstes gehen wird, und kann daher die Bilder nicht schon im voraus berechnen. Das von der Berliner Firma ART+COM im Rahmen des Projekts »Virtuelle Archäologie – TroiaVR und Virtuelles Niltal« entwickelte Präsentationssystem schafft das ohne teure Hardware mit einem PC, der allerdings schon sehr schnell sein sollte und sehr viel Speicherplatz benötigt, damit mehrere Phasen von Troia auf seiner Festplatte untergebracht werden können. Das ist wichtig, denn Archäolo-

Rekonstruktion mit Fähnchen markiert sind, gibt es Zusatzinformationen: Bilder von Funden oder von der Ausgrabung und erklärende Texte. So können Rekonstruktion und Realität miteinander verglichen werden. Nach Anklicken der Ebenen links oder der Zeitleiste oben gelangt man an dieselbe Stelle zu einer anderen Zeit.

gen verfügen meist nicht über die finanziellen Mittel, um sich teure Grafik-Computer leisten zu können.

Neben den virtuellen Rundgängen sollte aber auch die Archäologie selbst präsentiert werden. Ähnlich wie in diesem Buch sollten die Rekonstruktionen dem tatsächlichen Grabungsbefund gegenübergestellt und Hintergrundinformationen geliefert werden. Daher bietet das Präsentationssystem des Troia-Projekts einen beweglichen Plan mit Zeitleiste, auf dem zu sehen ist, wo man sich gerade befindet. An zahlreichen Punkten der Rekonstruktion sind Kontextinformationen in Form von erklärenden Bildern und Texten verfügbar. Diese Punkte kann man auch direkt anwählen – und wird nach einem Mausklick mit Helikoptergeschwindigkeit dorthin geflogen. Einige Besucher der Troia-Ausstellung klammerten sich in diesen Momenten instinktiv an ihre Stühle.

Seit mehr als 100 Jahren sammeln Archäologen und andere Wissenschaftler Daten über Troia und die umgebende Landschaft, die Troas. Alle diese Informationen können für Rekonstruktionen wichtig sein. Deshalb und natürlich auch zur Unterstützung der täglichen wissenschaftlichen Arbeit muß hinter einer Präsentation ein Informationssystem stehen. Räumliche Visualisierungen erleichtern dabei ebenfalls den Zugang. Links ein Modell der Troas aus Satellitendaten mit den archäologischen Fundstellen (rote Punkte). Im Vordergrund rechts das schneebedeckte Idagebirge, links von unten nach oben die Inseln Lesbos, Tenedos, Imbros und Samothrake. Oben die Meerenge der Dardanellen und die

Ausgrabungen in Archiven

Von Archäologen muß man verlangen dürfen, daß Rekonstruktionen und Hintergrundinformation in einer Präsentation so weit wie möglich dem wissenschaftlichen Forschungsstand entsprechen. Die benötigten Informationen zusammenzutragen, wird paradoxerweise um so schwieriger, je mehr, länger und genauer in Troia geforscht wird. Die Ergebnisse von über 130 Jahren Archäologie in Troia bilden ein gigantisches Archiv aus gedruckten Publi-

Halbinsel Gallipoli. Troia liegt knapp unter der Spitze der Halbinsel (rotes Quadrat). Rechts die Burg von Troia. Man spricht vereinfacht von »9 Städten«, die hier übereinanderliegen. In Wirklichkeit hat man es aber mit tausenden »Befunden« (Schichten, Mauern, Straßen ...) zu tun. Der Computer hat sie nach ihrer zeitlichen Abfolge sortiert – von alt (unten) nach jung (oben). Eine andere Darstellung ist auf den Einleitungsseiten zu diesem Kapitel zu sehen: Satellitenbild, Prospektionsergebnisse und Bauten der verschiedenen Schichten sind als Themen in einem Plan übereinandergelegt.

kationen, tausenden Zeichnungen und Plänen, zehntausenden Fotos und einem Irrgarten von Computerdaten in Form von Datenbanken, Plänen, Bildern. Archäologen graben längst nicht mehr nur vor Ort, sondern immer mehr auch in diesen Archivbeständen. Im Projekt »Virtuelle Archäologie« wurde deshalb auch viel Arbeit darauf verwendet, diese Bestände aufzuräumen und über den aktuellen Anlaß hinaus für zukünftige Verwendung aufzubereiten. In einem Informationssystem werden all die Daten zusammengetragen, und für Benutzer werden zwei Zugangsmöglichkeiten geschaffen: zum einen Datenbankformulare, zum anderen räumliche Visualisierungen mit Hilfe eines Geographischen Informationssystems (GIS). Das kann man sich wie eine intelligente Landkarte vorstellen, auf der verschiedene Themen ein- und ausgeblendet sowie an jeder Stelle »angehängte« Informationen abgerufen werden können. Diese Dokumentations- und Auswertungsarbeiten werden die Wissenschaftler im Troia-Projekt allerdings noch viele Jahre beschäftigen.

»Du sollst Dir (k)ein Bild machen ...«

Archäologie ist eine sehr populäre Wissenschaft. 850 000 Besucher einer Troia-Ausstellung, die in den Jahren 2001 und 2002 in drei deutschen Städten zu sehen war, mehrere hunderttausend Touristen, die jedes Jahr nach Troia kommen – das sind Zahlen, die für sich sprechen. Fernsehdokumentationen mit archäologischen Themen erzielen hohe Einschaltquoten, der Besuch von Ruinenstätten hat einen Stammplatz im Programm vieler Urlaubsreisen. Archäologie ist eine feste Größe in einer wachsenden Kultur- und Freizeitindustrie.

Archäologen haben deshalb heute drei Aufgaben: erstens die fachwissenschaftliche Forschung; zweitens die Erhaltung des archäologischen Erbes – einer fragilen und begrenzten Ressource, die in der modernen Welt ebenso von Zerstörung bedroht ist wie der tropische Regenwald; dazu kommt drittens die Präsentation von Archäologie für das interessierte Publikum. Wenn man auch in Zukunft das Verständnis dafür erhalten möchte, daß Steuergelder für archäologische Forschungen oder Denkmalpflege ausgegeben werden, ist es sicher angebracht, die eigenen Ergebnisse so darzustellen, daß Archäologie ein breites Publikum und vor allem auch junge Menschen erreicht.

Rekonstruktionen sind dafür ein attraktives Mittel. Zumindest jene Archäologen, die für Museen, Ausstellungen oder die immer häufiger werdenden »Archäologieparks« arbeiten, haben schon immer rekonstruiert, und zwar mit allen verfügbaren Methoden:

Rekonstruktion vor Ort. Die Überreste der Burgmauer von Troia II werden mit eigens in den Originalmaßen hergestellten Lehmziegeln, die in einem Ziegelofen gebrannt wurden, »verpackt«: Rekonstruktion und Schutz der Originalsubstanz vor Wind und Wetter zugleich.

Grundmauern werden im Gelände als »Plan im Maßstab 1:1« markiert, Gebäude werden teilweise oder ganz wieder aufgebaut, manchmal stellen darin verkleidete Mitarbeiter das Leben vergangener Zeiten nach (»Re-enactment«), Modelle, Zeichnungen oder Computergrafiken und -animationen werden angefertigt. Computermodelle haben den nicht hoch genug einzuschätzenden Vorteil, daß sie nicht nur eine Ansicht zeigen, sondern den gesamten Befund in drei Dimensionen erfassen, nicht in die Originalsubstanz eingreifen, somit keine unumkehrbaren Veränderungen schaffen und bei Bedarf schnell und immer wieder aufs neue an den sich ändernden Forschungsstand und neue Erkenntnisse angepaßt werden können.

Im Fall von Troia gibt es sogar »Rekonstruktionen«, die noch viel älter sind. Seit der Antike wurden die Sagen und Geschichten vom Troianischen Krieg immer wieder illustriert oder in Medien –

Bei Präsentationen kann man zeigen, welche Rekonstruktionen auf vollständig erhaltenen Grundrissen stehen. Alle anderen Gebäude werden einfach abgeschaltet, so daß nur ein »Fußabdruck« sichtbar bleibt. Natürlich ist auch für die große Restfläche – etwa durch Teilfunde oder Magnetometerdarstellungen –

vom Theater über die Oper bis zum Film – vergegenwärtigt. Das heute in Troia als Rest einer Filmkulisse stehende hölzerne Pferd ist nur das letzte einer ganzen Herde troianischer Pferde, die seit der archaisch-griechischen Zeit durch die Kunstgeschichte galoppiert. Außerdem gibt es natürlich auch eine Anzahl – zum Teil sehr guter – zeichnerischer Rekonstruktionen der archäologischen Befunde von Troia sowie einige für Ausstellungen angefertigte Modelle aus Holz und Pappe.

Obwohl Rekonstruktionen fast immer zu Präsentationszwecken erstellt werden, sind sie durchaus auch von wissenschaftlichem In-

nachweisbar oder zumindest wahrscheinlich, daß sie überbaut war. Deshalb wäre es falsch, nur die gut erhaltenen Gebäude, deren Grundriß sicher ist, zu zeigen und zwischen ihnen Leerflächen, die so nicht existiert haben, zu präsentieren. Die Lücken werden deshalb mit frei rekonstruierten Häusern gefüllt.

teresse. Aus dem Wiederaufbau von Gebäuden und dem Nachvollziehen alter Handwerkstechniken ist eine eigene Fachrichtung entstanden, die experimentelle Archäologie. Jeder Rekonstruktionsversuch erzwingt eine sorgfältige Bewertung und Interpretation der vorhandenen Funde und Befunde – und in drei Dimensionen erweist sich vieles als unmöglich, was auf einem Plan noch plausibel aussah.

Ob im Museumsdorf, als Modell, Zeichnung oder Computergrafik – ein häufig gehörter Einwand gegen Rekonstruktionen lautet, daß sie zu attraktiv sind und Dinge suggerieren, die man nicht sicher wissen kann. Einprägsame Visualisierungen laufen immer Gefahr, als unwissenschaftlich zu gelten. »Sich ein Bild machen« – das ist eine Tätigkeit, die schon das Alte Testament als ketzerisch verdammt. Ein paar Mauerreste zu einem vollständigen Grundriß zu ergänzen, mag noch angehen, aber dreidimensionale, bunte und mit dem Computer erstellte Bilder verursachen bei so manchem Wissenschaftler Stirnrunzeln. Es ist sicher angebracht, populäre Darstellungen und neue Methoden kritisch zu hinterfragen. Es ist aber auch typisch, daß für einen speziellen Fall formulierte Kritik Fragen erneut ins Bewußtsein ruft, die eigentlich viel weiter führen.

Denn daß man nicht alles sicher wissen kann, gilt für jede Beschäftigung mit der Vergangenheit – und niemand verlangt von einem archäologischen Text, daß er keine Interpretationen enthält, schlecht geschrieben und häßlich gedruckt ist, damit die Leser nicht dazu verführt werden, die Argumente zu glauben.

Der schon in der Einleitung ausgesprochene Gedanke, daß uns die Vergangenheit prinzipiell so unzugänglich ist wie die Zukunft, erscheint vielleicht überraschend. Stellen wir uns aber zum Beispiel vor, daß an einer Kreuzung zwei Autos zusammengestoßen sind. Was bleibt? Verbeultes Blech, Bremsspuren, Glassplitter, und drei Zeugen, die fünf verschiedene Geschichten erzählen. Was wirklich vorgefallen ist, kann man daraus nicht mehr entnehmen. Um endlose Streitigkeiten zu vermeiden, hat man für solche Fälle das Recht erfunden. Die Beteiligten akzeptieren am Ende eines geregelten Prozesses den Spruch eines Richters, die Versicherung ersetzt den Schaden, auch wenn die Zeugen auf ihren verschiedenen Geschichten beharren und die Spuren mehrere Deutungen zulassen.

Die wissenschaftliche Beschäftigung mit der Vergangenheit ist wie ein endloser Prozeß, bei dem Archäologen für die Spuren zuständig sind, Historiker für Zeugenaussagen. Immer neue Spuren werden entdeckt, immer neue Zeugen werden gehört, alte Aussagen und Spuren werden neu bewertet. Deshalb macht es heute noch Sinn, ein Buch über römische Geschichte zu schreiben, obwohl Titus Livius das schon vor 2000 Jahren gemacht hat, oder immer noch in Troia zu forschen.

Deshalb werden wir aber auch nie wissen, wie Troia wirklich ausgesehen hat. Wir erwarten von einem kritischen Publikum, zwischen Rekonstruktionsvorschlag und Realität unterscheiden zu können. Es sollte nicht nötig sein, jedesmal ein Warnschild anzubringen: »Vorsicht Rekonstruktion – diese Darstellung bitte nicht mit der Wirklichkeit verwechseln«. (Das würde ein bißchen an die Warnung amerikanischer Mikrowellen-Hersteller erinnern, keine Katzen in dem Gerät zu trocknen.)

Viele Archäologen hätten gewartet, bis Hollywood Troia rekonstruiert, um dann kulturkritische Artikel darüber zu schreiben, daß Hollywood ein falsches Bild vermittelt. Wir haben nicht gewartet, sondern präsentieren hier unsere Vorstellung von Troia »nach bestem Wissen und Gewissen«. Uns ist bewußt, daß sich die Vorstellungen anderer von unseren unterscheiden können und daß sich das Bild, das wir uns heute machen, in Zukunft ändern wird.

Anhang

Danksagungen

Wir danken Manfred Korfmann und dem gesamten Troia-Projekt für die tatkräftige Unterstützung. Ralf Becks, Elizabeth Riorden und Frank Starke haben mit wertvollen Informationen und Anregungen geholfen, auch ihnen sei herzlich gedankt, genauso Manfred Korfmann zusätzlich dafür, daß er Peter Jablonka völlige Freiheit bei der Durchführung seines TroiaVR-Projekts gab. Den daran Beteiligten – Ralf Becks, Özgür Cizer, Denis Demnick, Petra Krönneck, Jens Nieling, Stefanie Samida, Jordi Serangeli, Katja Sternitzke, Andreas Wand, Beatrix Welte – danken wir genauso wie allen Mitarbeiterinnen und Mitarbeitern des Projekts »Virtuelle Archäologie« bei ART+COM AG, Berlin, besonders dem Initiator und Leiter des Projekts, Steffen Kirchner, sowie dem Bundesministerium für Bildung und Forschung für die Förderung im Rahmen des »Wettbewerbes zur Virtuellen und Erweiterten Realität«. Ein spezieller Dank gilt Simone Korolnik-Jablonka und Jakob Jablonka, für die Peter Jablonka während der Vorbereitung dieses Buches leider viel zuwenig Zeit hatte.

Bildnachweise

Rekonstruktionen und S. 8/9, 154: © Troia-Projekt, Universität Tübingen, und ART+COM AG, Berlin.
Fotos: © Hartmut Schickert; außer S. 32, 42, 64, 94, 147, 149, 150 Mitte, 159 © Troia-Projekt, Universität Tübingen; S. 8/9, 144/145 (Satellitenaufnahme) © NASA und Space Imaging, Inc., Reproduktion mit Erlaubnis von Compton J. Tucker, NASA; S. 35 © T. C. Kultusministerium – Generaldirektion der Antiken und Museen, Ankara, Foto M. Gülbiz; S. 36, 109 © Bildarchiv Foto Marburg; S. 149 oben, S. 150 unten © Peter Jablonka; S. 150 oben © Ekdotike Athenon, S. A., Athen.
Zeichnung S. 165 nach Wilhelm Dörpfeld (in: *Troja und Ilion*, 1902).
Pläne und Karte hinten und S. 144/145, 156, 157: © Troia-Projekt, Universität Tübingen; Karte vorn © Birgit Brandau und Peter Jablonka.
Die Arbeiten an den in diesem Buch abgebildeten und beschriebenen Rekonstruktionen und Computersystemen wurden vom Bundesministerium für Bildung und Forschung gefördert (Förderkennzeichen: 01 IRA 11 B).

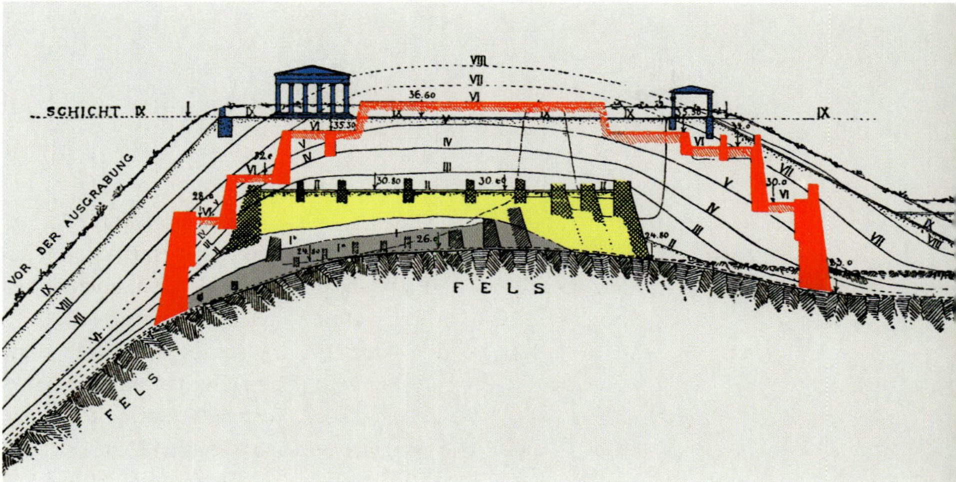

Querschnitt durch die Schichten

Zeittafel

Troia I	3000–2600 v. u. Z.
Troia II	2600–2350 v. u. Z.
Troia III	2350–2200 v. u. Z.
Troia IV	2200–1900 v. u. Z.
Troia V	1900–1700 v. u. Z.
Troia VI-Früh	1700–1570 v. u. Z.
Troia VI-Mitte	1570–1470 v. u. Z.
Troia VI-Spät	1470–1300 v. u. Z.
Troia VIIa	1300–1200 v. u. Z.
Troia VIIb1	1200–1130 v. u. Z.
Troia VIIb2	1130–1050 v. u. Z.
Troia VIIb3	1050–950 v. u. Z.
Troia VIII	750–85 v. u. Z.
Troia IX	85 v. u. Z. 500 u. Z.
Troia X	1100–1306 u. Z.

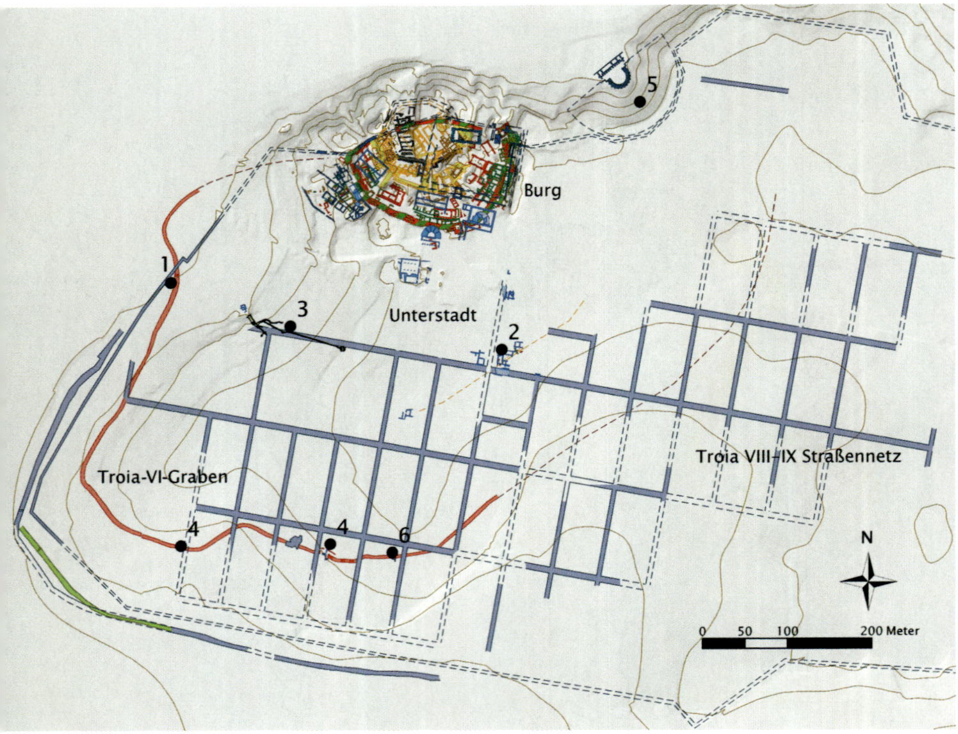

Plan der Unterstädte

1 Blick auf die Unterstadt (Troia II, Troia VI und Troia VIII), *Inhaltsverzeichnis*

2 Palisade (Troia II), *S. 42/43*

3 Quellgrotte, *S. 61*

4 Verteidigungsgraben (Troia VI), *S. 94/95*

5 Großes Theater (Troia VIII), *S. 118/119*

6 Unterstadt-Haus (Troia VIII), *S. 126/127*

Troia I
Troia II
Troia III–V
Troia VI
Troia VI und VII
Troia VIIa
Troia VIIb
Troia VIII
Troia IX

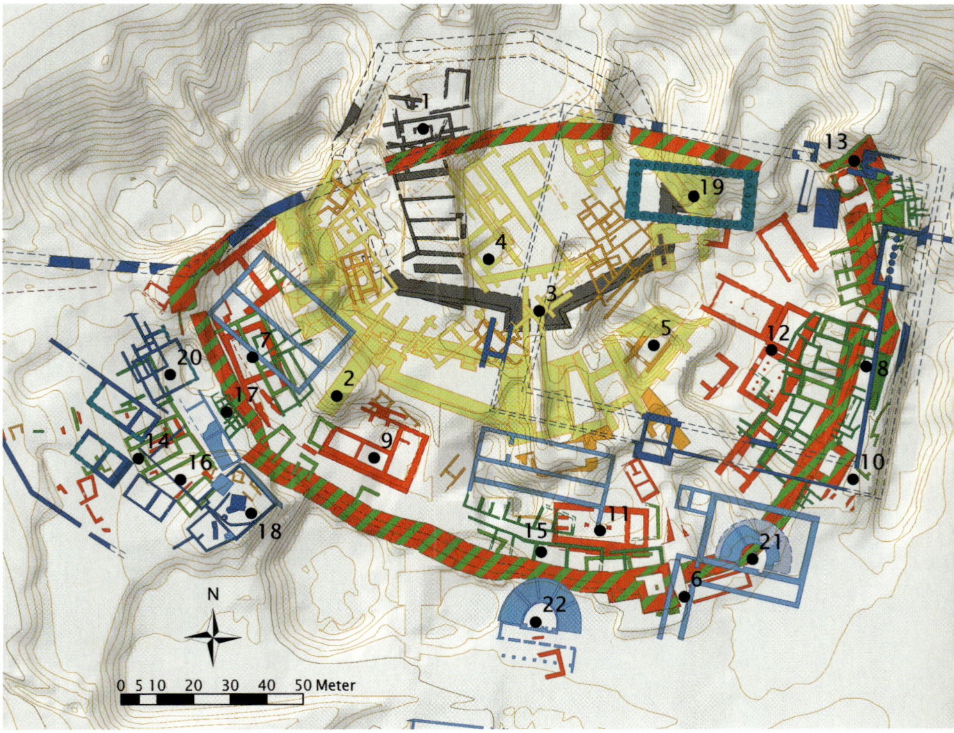

Plan des Burgbereichs

1 Megaron 102 (Troia I), *S. 23*
2 Rampe (Troia II), *S. 24/25*
3 Propylon (Troia II), *S. 28/29*
4 Megaron (Troia II), *S. 30/31*
5 Megaron (Troia III), *S. 46/47*
6 Südtor (Troia VI), *S. 58/59*
7 Palast VI A (Troia VI), *S. 62/63*
8 Osttor (Troia VI), *S. 66/67*
9 Palast VI M (Troia VI), *Titel, S. 70/71, 149, 152, 163*
10 Ostturm (Troia VI), *S. 74/75*
11 Pfeilerhaus (Troia VI), *S. 76/77*
12 Paläste VI E und VI F (Troia VI), *S. 80/81*
13 Nordostbastion (Troia VI), *S. 88/89*
14 Unterstadt-Haus (Troia VI und Troia VIIa), *S. 99–103*
15 Haus des Schreibers (Troia VIIb), *S. 104*
16 Unterstadt-Straße (Troia VIIa), *S. 106/107*
17 Unterstadt-Haus (Troia VIIb), *S. 108*
18 Heiligtum (Troia VIII), *S. 116/117*
19 Athena-Tempel (Troia VIII), *S. 122/123, 125*
20 Fimbria-Ruine (Troia VIII/IX), *S. 130/131*
21 Bouleuterion (Troia IX), *S. 134/135*
22 Odeion (Troia IX), *S. 138–141*

Quellen & Literatur

Als Hauptquellen für dieses Buch wurden benutzt:

Brandau, Birgit: *Troia. Eine Stadt und ihr Mythos. Die neuesten Entdeckungen.* Bergisch Gladbach: Lübbe 1997; aktual. und erw. TB-Ausgabe 1999; im folgenden abgekürzt: **Brandau: *Troia***.

Studia Troica. Mainz: Zabern, 1991 ff.; im folgenden abgekürzt: ***ST***.

Troia. Traum und Wirklichkeit. Begleitband zur gleichnamigen Ausstellung. Stuttgart: Theiss 2001; im folgenden abgekürzt: ***TTW***.

Einleitung

Cobet, Justus: *Heinrich Schliemann. Archäologe und Abenteurer.* München: Beck 1997.

Demetrios und Hestiaia nach: Strabon, Geographika XIII. In: *ST* 3.

Duby, Georges: *Europa im Mittelalter.* Stuttgart: Klett-Cotta 1986.

Easton, D. F., J. D. Hawkins, A. G. Sherratt und E. S. Sherratt: »Troy in recent perspective«. In: *Anatolian Studies* Bd. 52, 2002.

Kolb, Frank: »Ein neuer Troia-Mythos? Traum und Wirklichkeit auf dem Grabungshügel von Hisarlik«. In: Hans-Joachim Behr, Gerd Biegel und Helmut Castritius (Hgg.): *Troia. Ein Mythos in Geschichte und Rezeption.* Braunschweig: Braunschweigisches Landesmuseum 2002.

Museum für Vor- und Frühgeschichte (Hg.): *Troja. Heinrich Schliemanns Ausgrabungen und Funde.* Berlin: Staatliche Museen 1982.

Ranke, Leopold von: *Die Geschichten der römischen und germanischen Völker.* Leipzig & Berlin: Reimer 1824.

Schliemann, Heinrich: *Bericht über die Ausgrabungen in Troja im Jahre 1890.* Leipzig: Brockhaus 1891, S. 9.

Schliemann, Heinrich: *Ilios. Stadt und Land der Trojaner.* Leipzig: Brockhaus 1881. S. 193, 200–202.

Szlezák, Thomas Alexander: »Atlantis und Troia, Platon und Homer: Bemerkungen zum Wahrheitsanspruch des Atlantis-Mythos«. In: *ST* 3.

»Traumgebilde«. Interview mit Frank Kolb. *Berliner Morgenpost,* 17. 7. 2001.

Zangger, Eberhard: *Atlantis. Eine Legende wird entziffert.* München: Droemer Knaur 1992.

Frühe Blüte

Assmann, Jan: *Ägypten.* München: Hanser 1996.

Brandau: *Troia.*

Gabriel, Utta: »Die ersten Spuren in der Umgebung Troias«. In: *TTW*.

Jablonka, Peter: »Eine Stadtmauer aus Holz«. In: *TTW.*

Korfmann, Manfred: »Der prähistorische Siedlungshügel Hisarlık«. In: *TTW*.

ders.: Jährliche Grabungsberichte 1988–2001. In: *ST* 1–12.

ders.: »Neue Aspekte zum ›Schatz des Priamos‹«. In: *TTW.*

ders.: »Troia als Drehscheibe des Handels im 2. und 3. vorchristlichen Jahrtausend«. In: *TTW*.

Sazcı, Göksel: »Ein Gebäude mit vermutlich kultischer Funktion«. In: *TTW.*

Hochkultur

Beckman, Gary: *Hittite Diplomatic Texts*. Atlanta: Scholars Press 1996.
Becks, Ralf, und Diane Thumm: »Der Untergang der Stadt in der frühen Eisenzeit«. In: *TTW*.
Becks, Ralf: pers. Mitteilungen Frühjahr 2001 und Herbst 2003.
Blegen, Carl W.: *Troy and the Trojans*. London: Thames and Hudson 1963.
Bloedow, Edmund F.: »The Trojan War and Late Helladic III C«. In: *Praehistorische Zeitschrift* Bd. 63/1, 1988.
Brandau, *Troia*.
Brandau, Birgit, und Hartmut Schickert: *Hethiter. Die unbekannte Weltmacht*. München: Piper 2001; erw. TB-Ausgabe 2003.
Bryce, Trevor: *The Kingdom of the Hittites*. Oxford, Clarendon Press 1998.
Cancik, Hubert: »Der Troianische Krieg«. In: *TTW*.
Güterbock, Hans G.: »Troy in Hittite Texts?«. In: Mellink 1986 (s. u.).
Hawkins, J. D., und D. F. Easton: »A Hieroglyphic Seal from Troia«. In: *ST* 6.
Hawkins, J. D.: »Tarkasnawa King of Mira, ›Tarkondemos‹, Boğazköy sealings and Karabel«. In: *Anatolian Studies* Bd. 48, 1998.
Die Hethiter und ihr Reich. Das Volk der 1000 Götter. Bonn: Kunst- und Ausstellungshalle der Bundesrepublik Deutschland 2002.
Jablonka, Peter: »Ausgrabungen im Süden der Unterstadt von Troia«. In: *ST* 6.
Klengel, Horst: *Geschichte des hethitischen Reiches*. Leiden: Brill 1999.
Klinkott, Manfred, und Ralf Becks: »Wehrmauern, Türme und Tore«. In: *TTW*.
Korfmann, Manfred: »Troia als Drehscheibe des Handels im 2. und 3. vorchristlichen Jahrtausend«. In: *TTW*.
ders.: Jährliche Grabungsberichte 1988–2001. In: *ST* 1–12.
ders.: Vortrag zu den Grabungen 2002 am 26.10.2002 in Tübingen.
ders.: Vortrag zu den Grabungen 2003 am 25.10.2003 in Tübingen.
ders.: »Die Troianische Hochkultur (Troia VI und VIIa)«. In: *TTW*.
Latacz, Joachim: *Troia und Homer. Der Weg zur Lösung eines alten Rätsels*. München: Koehler & Amelang 2001.
Mellink, Machteld J. (Hg.): *Troy and the Trojan War. A Symposium Held at Bryn Mawr College 1984*. Bryn Mawr: 1986.
Mellink, Machteld J., und Donna Strahan: »The Bronze Figurine from Troia VIIa«. In: *ST* 8.
Mountjoy, Penelope A.: »The Destruction of Troia VIh«. In: *ST* 9.
dies.: »Troia Phase VIf and Phase VIg: The Mycenaean Pottery«. In: *ST* 7.
dies.: »Troia VII Reconsidered«. In: *ST* 9.
Müller-Karpe, Andreas: »Kuşaklı-Sarissa«. In: *Die Hethiter und ihr Reich*, a. a. O.
Neumann, Günter: »Der große Nachbar in Anatolien«. In: *TTW*.
Niemeier, Wolf-Dietrich: »Ḫattusa und Aḫḫijawa im Konflikt um Millawanda/Milet«. In: *Die Hethiter und ihr Reich*, a. a. O.
ders.: »The Mycenaeans in Western Anatolia and the Problem of the Origins of the Sea Peoples«. In: Seymour Gitin, Amihai Mazar und Ephraim Stern (Hgg.): *Mediterranean Peoples in Transition*. Jerusalem: Israel Exploration Society 1998.
Oettinger, Norbert: »Indogermanische Sprachträger lebten schon im 3. Jahrtausend v. Chr. in Kleinasien«. In: *Die Hethiter und ihr Reich*, a. a. O.

Der Große Ploetz. 31. Aufl. Freiburg: Ploetz 1991.
Seeher, Jürgen: »Getreidelagerung in unterirdischen Großspeichern«. In: *Studi Miceni ed Egeo-Anatolici* 42/2, 2000.
ders.: *Hattuscha-Führer. Ein Tag in der hethitischen Hauptstadt.* Istanbul: Ege Yayınları 2002.
Siebler, Michael: »In Theben ging's los«. *Frankfurter Allgemeine Zeitung*, 12. 8. 2003.
Starke, Frank: »Ein Keilschrift-Brief des Königs von Theben/Aḫḫijawa (Griechenland) an den König des Hethitischen Reiches aus dem 13. Jh. v. Chr.«. Handout, August 2003, und pers. Mitt. November 2003.
ders.: »Troia im Kontext des historisch-politischen und sprachlichen Umfeldes Kleinasiens im 2. Jahrtausend«. In: *ST* 7.
ders.: »Troia im Machtgefüge des zweiten Jahrtausends v. Chr.«. In: *TTW*.
ders: Karten »Das hethitische Reich und seine Nachbarn im 15./14. Jahrhundert v. Chr.« und »Das hethitische Großreich und seine Nachbarn im 13. Jahrhundert v. Chr.« sowie »Chronologische Übersicht zur Geschichte des hethitischen Reiches«. In: *Die Hethiter und ihr Reich,* a. a. O.
Uerpmann, Margarete, und Wim van Neer: »Fischreste aus den Grabungen in Troia (1989–1999)«. In: *ST* 10.
Vermeule, Emily D. T.: »Priam's Castle Blazing«. In: Mellink, a. a. O.
Wilhelm, Gernot: »Die Sprachen des Hethiterreiches«. In: *Die Hethiter und ihr Reich,* a. a. O.

Zitate:

»die Leute murren«: Neuübersetzung des Alaksandu-Vertrags von Frank Starke; allerdings ist das Verb mit einem Fragezeichen versehen. In: Latacz, a. a. O., S. 134–139.

»energischer Hausputz«: Blegen nach Vermeule, a. a. O.

»Hattusa«: Die Schreibweisen hethitischer Personen- und Ortsnamen sind vereinfacht; auf Sonderzeichen (etwa Ḫattusa oder auch Ḫattuša) wurde bewußt verzichtet, damit die ungewohnten Namen Laien nicht noch komplizierter erscheinen. Die Aussprache ist ohnehin in vielen Fällen wissenschaftlich umstritten.

»Tudhalija II.«: Bei den hethitischen Großkönigen folgen wir der herkömmlichen Zählung, auch wenn heute gesichert ist, daß der genannte Tudhalija II. der erste dieses Namens war und Hattusili III. der zweite.

Antike

Aylward, William: »Studies in Hellenistic Ilion: The Houses in the Lower City«. In: *ST* 9.
Brandau, *Troia*.
Berlin, Andrea M.: »Studies in Hellenistic Ilion: The Lower City. Stratified Assemblages and Chronology«. In: *ST* 9.
Brückner, Alfred: »Geschichte von Troia«. In: Dörpfeld (s. u.).
Dörpfeld, Wilhelm: *Troja und Ilion.* Athen: Beck & Barth 1902.
Högemann, Peter: »Troias Untergang – was dann?«. In: *TTW*.
Howatson, M. C. (Hg.): *Reclams Lexikon der Antike.* Stuttgart: Reclam 1996.

Korfmann, Manfred: »Wilusa/(W)Ilios ca. 1200 v. Chr.–Ilion ca. 700 v. Chr.«. In: *TTW*.
Korfmann, Manfred, und Dietrich Mannsperger: *Troia. Ein historischer Überblick und Rundgang*. Stuttgart: Theiss 1998.
Latacz, a. a. O.
Mannsperger, Dietrich: »Mythen, Machtpolitik und Münzpropaganda«. In: *TTW*.
Ploetz, a. a. O.
Riorden, Elizabeth: »Three-Dimensional Aided Drafting (CAD) in Anastylosis: A Case-Study at the Odeion«. In: *ST* 6.
dies.: pers. Mitt. zur Architektur des Odeions, Dezember 2003; Aufsatz i. Vb.
Rose, Charles Brian: »Ilion in griechischer und römischer Zeit«. In: *TTW*.
ders.: »Post-Bronze Age Research at Troia, 1999«. In: *ST* 10.
ders.: »The Theater of Ilion«. In: *ST* 1.
ders.: »Von Konstantin bis Mehmet II.«. In: *TTW*.
ders.: Jährliche Grabungsberichte 1991–1999. In: *ST* 2–10.
Siebler, Michael: *Troia – Homer – Schliemann: Mythos und Wahrheit*. Mainz: Zabern 1990.
Strabon: Geographika XIII. In: *ST* 3.
Zitate:
»auf ewige Zeiten«: Sueton: *Kaiserbiographien*. München: Goldmann 1961.
»die Stadt, die Agamemnon …«: Strabon, a. a. O.
»freien und von Abgaben ledigen Staat«: Caesar, zitiert nach Brückner.
»heilige Wettkampf«: Strabon, a. a. O.
»mit Bauwerken herzurichten«: Strabon, a. a. O.
»Scipio zog nach Ilion …«: Livius, zitiert nach Siebler 1990.
Stifterinschrift vom Odeion: Korfmann und Mannsperger, a. a. O.
»wegen Ungehorsams … dem Erdboden gleichgemacht«: Strabon, a. a. O.
Zur Historizität des Troianischen Kriegs s. Latacz, a. a. O., und entsprechende Beiträge in: *TTW*.

3000 Jahre danach

Barceló, J. A., M. Forte und D. H. Sanders (Hgg.): *Virtual Reality in Archaeology (BAR International Series 843)*. Oxford: Archaeopress 2000.
Jablonka, P., S. Kirchner und J. Serangeli: »TroiaVR: a virtual reality model of Troy and the Troad«. In: M. Doerr und A. Sarris (Hgg.): *The Digital Heritage of Archaeology. Computer Applications and Quantitative Methods in Archaeology (CAA), Proceedings of the 30th Conference, Heraklion 2002*. Athen: Hellenic Ministry of Culture 2003.
Lock, G.: *Using Computers in Archaeology. Towards virtual pasts*. London, New York: Routledge 2003.
Rieche, A. und B. Schneider (Hgg.): *Archäologie virtuell. Projekte, Entwicklungen und Tendenzen seit 1995. Beiträge zum Colloquium Köln 2000*. Bonn: Habelt 2002.
Zitat:
»… kein Bild machen«: Exodus 20,4.

Register

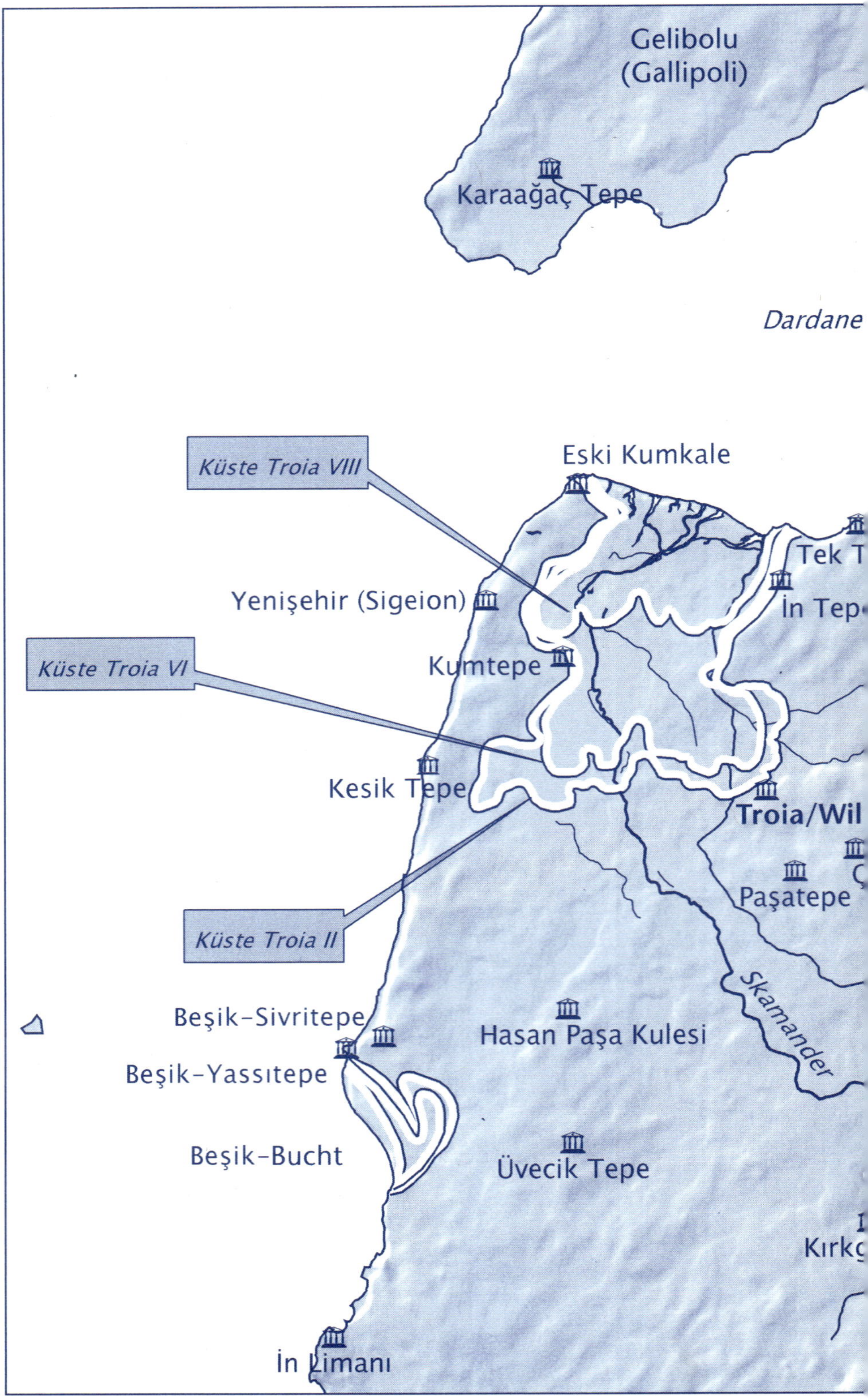

Gelibolu
(Gallipoli)
Karaağaç Tepe
Dardane
Eski Kumkale
Küste Troia VIII
Tek T
İn Tep
Yenişehir (Sigeion)
Küste Troia VI
Kumtepe
Kesik Tepe
Troia/Wil
Paşatepe
Küste Troia II
Skamander
Beşik-Sivritepe
Beşik-Yassıtepe
Hasan Paşa Kulesi
Beşik-Bucht
Üvecik Tepe
Kırkg
İn Limanı